JN438087

살며
사랑하며

청 옥

청풍일탑창전죽 명월삼춘화하시

清風一榻窓前竹 明月三春花下詩

청풍이 불어오는 자리에 대나무숲이 보이고 달밝은 이른 봄에 화하에서 시를 짓는다.

살며 사랑하며

박 선 옥 제1 수필집

청 옥

瑞氣雲集

乙未年 彭素 敬書

시인의 말

햇수로 10년 만에 첫 수필집을 상제하게 되었습니다.

2006년 수필로 등단을 하고 곧이어 詩부문 등단을 하면서 시집 1집 태양은 다시 떠오르고, 2집 초록 호수, 3집 빛속의 선율을 발간했습니다.

늦었지만 십 년 전부터 시간이 주어질 때마다 써 두었던 수필을 이제야 선보이게 되었습니다.

사소한 일상들이지만 매 순간 놓치지 않고 기록을 했습니다. 미약한 글이지만 용기를 북돋아 주시고 이끌어 주시고 해설을 맡아주신 사) 새한국문인협회 이철호 이사장님에게 깊이 감사드리면서 늘 문운과 건승을 기원 드립니다.

2015. 3. 10. 배산 서실에서

저 자 박 선 옥

●● 목차

제 1 부

여명으로 밝아 오는 아침

제 2 부

향기로운 삶

제 3 부

다향을 찾아서

제 4 부

가을 단상

石壽永福
乙未年元旦

제 1 부

여명으로 밝아 오는 아침

결혼 이야기

언제나 이 시간이면 사무실에 꽃꽂이를 하기 위해 꽃 한 다발을 들고 일본식 집을 지나가야만 내가 근무하는 사무실에 도착하게 된다. 일본식 집은 부산 토성동 대학병원 응급실 맞은편 쪽에 있는 저택이다. 그 해에 유난히 유행하던 바바리에 긴 머리를 찰랑거리며 나팔바지에 구두 굽이 13cm, 누가 봐도 키가 커 보인다고 할 것 같은 차림으로 정원이 넓은 저택을 무심히 지나치고 있었다. 봄볕이 유난히 따뜻하게 느껴지던 날에 아름다운 복사꽃의 유혹에 잠시 발길을 멈추니, 향기로 가득한 대지와 산야는 봄의 축제라도 여는 듯 오색의 물결 속에 화려함의 극치를 보여주는 모습이 희망의 속삭임으로 다가오는 듯하다. 오늘도 다른 날과 다름없이 근무하고 있는데 이웃에 계시는 아주머니께서 좀 보자고 하신다.

"아가씨 서울에 직장이 있는, 이웃에 좋은 총각이 있는데 선 한번 보면 어떨까?" 그러신다. 결혼에 대해선 아직 생각을 해보지 않은 이제 갓 스무 살을 넘기고 있을 때였다. 이웃집 아주머니께서 "박 양, 결혼이란 좋은 혼처 자리가 나올 때 하는 게 최고의 복이다."라는 말씀을 하시면서 선을 한 번 보라고 하신다. 그리고 며칠 지나서 지금 시어머니 되시는 아주머니께서 직접 찾아오셨다. 아직 결혼이란 생각해 보지 않은 어린 나이였기에 난감했지만, 지금의 시어머니 권유로 부모님들과의 상견례를 하게 되었다.

나와 남편만을 남겨두고, 부모님들은 결혼이 성사되기를 진심으로 바라시는 듯 얼른 자리에서 일어나 나가셨다. 선을 본 남자분이 '함께 영화 보자' 고 하여 송도에서 회를 시켜주었고, 그리고 곧장 우리는 '에덴의 동쪽'이란 제임스딘이 주연으로 나오는 영화를 보고 그분은 막차로 직장이 있는 '서울에 가야한다' 며 훌쩍 떠나버렸다. 두 번째의 만남은 결혼생활 30여 년이 지난 지금도 잊혀 지지 않는다. 예전에 '홍빛시동행' 신년정모에도 왔지만 친하게 지내던 고등학교 친구들을 불러내어 지금의 남편을 선보이게 했다. 그 당시엔 크라운차가 부산에 몇 대밖에 없을 때였다.

시댁의 기사가 자가용을 몰고 왔다. 우리 일행을 모두 태우려면 정원이 초과가 되었다. 하지만 한 명을 돌려 보 낼 수도 없고 해서 정원초과인 상태로 가다가 경찰에 덜컥 걸려 버렸다. 마침 친구 중에 한 명이 경찰 신분증을 보여주니까 바로 통과가 되었다. 정말 아찔한 순간이었다. 지금 생각해 보면 철없던 시절의 에피소드 라고나 할까.

우리의 결혼은 한 달 만에 초스피드로 이루어지게 되었다. 결혼식이 있기 며칠 전 시아버님께서 집으로 오라고 하셔서 항상 지나다니는 그 일본식 집을 처음으로 들어가 보게 되었다. 울창한 숲길을 한참을 들어가야만 현관이 보였다. 그 당시 시댁은 그 동네 최고의 유지였다. 시아버님께선 결혼식장에서의 실수를 막기 위한 사전 예행연습과 신혼 여행지에서의 화장실과 방을 잘 찾아 들어가라고 거듭 당부의 말씀을 해주시는 게, 무척 자상하시고 빈틈이 없는 성격이신 듯하였다.

그때 그 시절 일본식 집은 아주 오래전에 양옥으로 고치고 아직 그대로인 채로 시아버님은 79세의 일기로 돌아가시고 시어머니께서도 82세의일기로 3번 째 재일이 다가오고 있지만, 그 당시에 큰 집을 감당하기가 어려워 부산대학병원 연구소 팀에 저택을 팔게 되었다.

언제 이렇게 수많은 시간들이 흘러갔는지 세월의 무상함을 느끼지 않을 수가 없다. 서울이란 객지에서 신접살림을 차리고 신혼생활을 하게 되었던 이때부터 시동생과 시누이의 시집살이가 시작 되었다.

수신제가 치국평천하修信濟家 治國平天下 세상의 모든 이치가 나 자신의 수양에서부터 비롯된다고 본다. 나 자신을 잘 다스려야 가정도 사회도 원만하게 돌아가지 않을까?

서울이라는 객지에 시댁에서 주택을 사주셔서 서울 어린이대공원 가까운 곳에 신접살림을 차리고 두 아들을 낳아 키우던 그 시절이 아득하게 주마등처럼 스쳐 지나간다

영화 명량을 감상하면서

여러 장수를 불러 모아 "必死則生 必生則死 병법에 반드시 죽고자 하면 살고 살려고 하면 죽는다. 한 사람이 길목을 지키면 천 사람이라도 두렵게 한다. 너희 여러 장수들은 살려는 생각을 하지 마라, 조금이라고 명령을 어기면 군법으로 다스릴 것이다."라며 엄중히 군령을 내리는 명량 이순신 영화를 보았다. 예전부터 이순신 영화가 상영만 되면 빠지지 않고 보곤 했다.

이번 명량 영화는 아바타를 누르고 그 인기가 파죽지세이다.

명량대첩의 스펙터클한 영화는 예전의 이순신 영화보다 한층 영상과 촬영 기술이 발전되어 손에 땀을 쥐게 하면서 가슴이 두근 반 세 근 반 심장의 박동 소리가 들릴 지경이다.

이순신이 통제사에서 물러난 뒤 원균은 삼도 수군통제사가 되어 일본 수군과 대전했으나 다대포 · 칠천곡에서 대패하여 해상권을 상실하였다. 원균의 패전으로 같은 해 백의종군 중인 이순신을 다시 삼도 수군통제사로 기용하였다. 이른 아침에 별망군別望軍이 다가와 보고하기를 수효를 알 수 없도록 많은 적선이 명량鳴梁으로 들어와 곧장 우리가 진을 치고 있는 곳으로 오고 있다고 하였다. 즉각 여러 배에 명령하여 닻을 올려 바다로 나가니 적선 130여 척이 우리 배를 에워쌌다. 여러 장수들은 적은 수로 많은 적을 대적하는 것이라 모두 회피하기만 하였다.

이순신은 패전 후 남은 13척의 전선과 수군을 정비하여 닥쳐올 전투에 대비하였다. 8월 왜선 8척이 남해 어란포에 출현하자 이를 격퇴하고, 진을 진도 벽파진으로 옮겼다. 9월 7일에는 서

쪽으로 이동하던 왜선 55척 중 호위 적선 13척이 어란포에 나타나자, 한밤중에 이순신이 선두에서 지휘하여 적선을 격퇴시켰다. 우수사右水使 김억추가 탄 배는 이미 2마장(마장은 십 리나 오 리 정도 거리) 밖으로 나가 있었다. 이순신은 노를 재촉하여 앞으로 돌진하여 각종 총통銃筒을 폭풍과 우뢰같이 쏘아대고 군관들이 배 위에 총총히 들어서서 화살을 빗발처럼 쏘니 적의 무리가 감히 대들지 못하고 나왔다가 물러났다가 하였다.

그러나 겹겹이 둘러싸여서 형세가 어찌 될지 알 수 없어 온 배의 사람들이 서로 돌아다보며 얼굴빛을 잃고 있었다.

이순신은 조용히 타이르면서 "적을 쏘고 또 쏘라."고 하였다. 여러 장수들은 배들을 본 즉, 먼 바다로 물러서 있는데, 배를 돌려 군령을 내리고자 해도 적들이 그 틈을 타서 더 대들 것이니 나가지도 돌아서지도 못할 형편이었다. 호각을 불어 중군中軍에게 군령을 내리는 깃발을 세우게 하고 또 초요기招搖旗를 세웠더니 중군장中軍將 미조항 첨사 김응함의 배가 차츰 이순신의 배로 가까이 왔으며 거제 현령 안위安衛의 배가 먼저 다가왔다. 배 위에 서서 친히 안위를 불러 말하기를, "너는 군법으로 죽고 싶으냐, 도망간다고 어디 가서 살 것이냐?"하니, 안위도 황급히 적선 속으로 돌입하였다. 또 김응함을 불러 "너는 중군으로 멀리 피하여 대장을 구원하지 않으니 죄를 어찌 피할 것이냐, 당장에 처형할 것이로되 적세가 또한 급하니 우선 공을 세우게 하리라." 하였다. 그래서 두 배가 앞서나가자 적장敵將이 탄 배가 그 휘하의 배 2척에 지시하니, 적의 배들이 일시에 서로 먼저 안위의 배에 부딪쳐 적군들이 안위의 배에 올라갔고 안위의 배에 탄 사람들이 모두 죽을힘을 다하여 모난 몽둥이로, 혹은 긴 창으로 혹은 수마석水磨石 덩어리로 무수히 마구 쳐대다가 배 위의 사람들이 거의 기진맥진하자 뱃머리를 돌려 바로 쫓아 쳐들어가 빗발치듯 포를 마구 쏘아댔다.

적선 3척이 거의 다 엎어지고 쓰러졌을 때 녹도만호鹿島萬戶 송여종과 평산포 대장 정응두의 배들이 뒤따라 와서 힘을 합해 적을 사살하니 몸을 움직이는 적은 하나도 없었다. 투항한 왜인倭人 준사埈沙는 안골포(지금 진해시 안골동)의 적진으로부터 항복해 온 자인데 이순신 장군의 배 위에 있다가 바다를 굽어보면서 말하기를, "그림 무늬 놓은 붉은 비단옷을 입은 저 자가 바로 안골포 적진의 '적장 마다시오.'라고 했다. 이순신은 무상無上 김돌손을 시켜 갈구리로 뱃머리에 낚아 올린 즉 곧 명하여 토막토막 자르게 하니, 적의 사기가 크게 꺾였다. 이때 우리 배들은 적이 다시 범하지 못할 것을 알고 북을 울리며 일제히 진격하여 포를 쏘아대니 그 소리가 산천을 뒤흔들었고 화살은 빗발처럼 퍼부어 적선 31척을 무너뜨리자 퇴각하여 다시는 가까이 오지 못하였다. 우리 수군은 싸웠던 바다에 그대로 묵고 싶었으나 물결이 몹시 험하고 바람도 역풍인데다가 형세 또한 위태로워 당사도로 옮겨 밤을 지냈다. 명량해전은 해상권을 상실한 칠천량해전 이후 남해안에서 승승장구하던 왜군의 수륙병진계획을 송두리째 부수어 버린 해전으로, 정유재란의 전환점을 마련해 주었다. 수군통제사 이순신은 진도와 화원반도 사이에 있는 울돌목 (명량)이 수로가 협소하고 조류가 국내에서 가장 빠른 점을 이용하였다. 울돌목에 쇠줄을 설치하고 일자진을 펴서 왜군을 유인하여 함포 공격을 퍼부었다. 그 결과 조선 수군은 단 1척도 피해를 입지 않았고, 전사자 2명과 부상자 2명만 발생했을 뿐이었다. 이는 세계 해전사에 그 유례를 찾아볼 수 없을 만큼 완전한 승리였다. 물살을 역이용한 이순신장군의 지혜가 빛났지만 명량대첩은 실로 천행天幸이었다.

불멸의 명장 이순신 장군의 난중일기는 내 가슴이 찡해져 오기도 한다.충무공 이순신 장군의 용기와 신념 그리고 나라 사랑하는 마음이 담겨있는 난중일기에서 그의 충절이 돋보인다.

이순신 장군은 1545년 4월 28일 한성부 건천동(서울 인현동)에서 부친덕연군 이정의 사 형제 중 셋째 아들로 태어났다. 모친 초계草溪변씨의 꿈에 시부媤父가 나타나 "이 아이는 반드시 귀인이 될 것이다."라고 하여 이름을 순신이라고 지었다고 한다. 임진란이 일어나기 1년 전(신묘년)에 유성룡의 천거로 전라좌수사로 여수에 부임한 충무공은 미구에 왜란이 있을 것을 예측하고 좌수영관할 아래 모든 군사를 훈련시키고 장비도 보강하면서 만전萬全을 기하였다. 난중일기란 이순신이 임진왜란이 일어난 해인 1592년 1월 1일부터 전사하기 이틀 전인 1598년 11월 17일까지 2,539일 7년간의 진중 생활과 전쟁에서 치른 많은 전투와 그 속에서 겪은 일 그리고 시대와 사람들에 대해 솔직담백하게 적어 내려간 일기이다. 원래 임진, 계사 등 해를 나타내는 간지만 적혀 있을 뿐인데 정조 때 『충무공전서』를 편찬하면서 『난중일기』라 이름 붙여서 지금까지 전해오게 되었다고 한다. 그날그날의 일상을 담담하게 기록한 아주 사적인 '일기'인데, 이순신이라는 인물이 이루었던 업적이 너무나 크고 또 그가 겪었던 시대가 우리 역사에서 찾아보기 힘든 참혹한 전란의 시대라는 데서 여느 개인의 일기보다 더 높은 시대성과 역사성을 가지고 있어 세계문화유산으로도 인정할 만큼의 가치를 지니고 있다.

이 영화는 위대한 조선의 명장을 조명한 영화이지만 우리들에게 새삼 나라에 대한 애국심을 불러일으키는 영화이다.

난중일기

한산섬 달 밝은 밤에
수루에 혼자 앉아
큰 칼 옆에 차고
깊은 시름하는 차에
어디서 일성호가一聲胡茄는 남의 애를 끊나니.

덧없는 세월

오늘은 동창모임이 있는 날이다.

시리도록 푸른 비췻빛 하늘만 보아도, 빨갛게 물들어가는 낙엽만 보아도 하염없이 그 누군가를 그리워하기도 하고, 보고파지기도 하는 마음이 생기는 가을은 사랑의 계절인가?

낙엽 쌓이는 길을 하염없이 거닐어 보며, 중년을 지나 황혼으로 가고 있는 덧없음에 자신을 뒤돌아보게 하는 가을은 정녕 사색의 계절임에 틀림이 없다.

세월의 흐름에는 어쩔 수 없는지 만남의 횟수를 거듭할수록 하나둘씩 늘어만 가는 삶의 훈장 같은 주름, 학창시절 그 곱디고운 피부와 몸매는 간곳없고 세월의 흐름에 이렇게 변해만 가고 있다. 그러나 비록 몸은 늙어 가지만, 마음까지는 늙지 않았나 보다.

철없던 그 시절 재잘대며, 수다 떨던 그 시절, 타임머신을 타고 훌쩍 그 옛날 학창시절로 되돌아가 보았다.

전교생 중 모범 클라스메이트 이기도한 우리 동그라미 그룹은 전교에서 1등과 2등을 서로 다투었고, 나는 그중에서 합창부장을 맡아 전교생이 모이는 자리에서 애국가 지휘도 하고 합창경연에서 우리 반을 우승으로 이끌어 가기도 했다.

경쟁의식으로 똘똘 뭉쳤지만, 언제나 어려운 수학 문제가 있으면 서로 풀어주는 진한 우정을 보이기도 하였다. 하지만 흘러가는 세월에는 장사가 없다고 하지 않는가. 우리 모두 황혼으로 가는 마당에 서로 잘 되기만을 바라며, 위로를 해주고 예쁘게 살아가는 모습을 서로 지켜봐 주기도 하고, 괴로움을 당하고 있는 친구에게는 마음으로 나마 위로를 해주기도 한다. 내 작은아들의 검찰공무원 합격을 친구들은 기원하면서, 혹시나 하며 가슴이 두근거려 가슴만 애태웠다고 한다. 오늘은 아들의 합격에 한턱을 내기로 한 날이다.

나의 동창은 이렇게 아들의 합격을 진심으로 축하해 주며, 또한 자신의 아들 취직으로 한턱 쏘기도 하면서 세상 돌아가는 이야기로 세월 가는 줄을 모른다. 그런데 내가 첫 스타트로 일찍 결혼을 하면서 아들 둘을 낳아서일까, 우연이겠지만 거의 아들 둘씩이기도 하다. 소위 말하는 목메 달 감인 우리 동창생들이다. 있는 건 시간뿐이라고 하면서 말이다.

하지만 잘 풀리지 못한 아들이 있는, 동창생에게는 괜히 미안해지기도 하여, 자식 자랑을 자제하고 있기도 하다. 나에게 이런 소중한 친구들이 있다는 사실에 행복을 만끽해 보는 날이 되었다.

여명으로 밝아 오는 아침

내일이 오늘이 되고, 오늘은 현재 진행형이지만 내일이 되면 오늘은 또 과거가 되고 내일이란 미래가 오듯, 반복을 거듭하는 태양은 과거 현재 미래가 없는 듯 태연자약하기만 하다. 나이가 들수록 세월이 빠름을 느끼는 건, 순간순간 망각을 하며 잊어 버리기 때문이 아닐까.

12월은 한 해를 마무리하는데 의미를 두는 갑오년 마지막 달이다.

올 한 해는 나에게 어떤 의미가 있었는지. 매일 바쁘게만 돌아가는 현실에 쫓기다 보니 마지막 달도 얼마 남지 않았다. 우리네 인생의 길은 때로는 평화스럽게 때로는 거칠고 험난하게 가고 있다. 행운과 불행은 따로 있는 것이 아니라, 동전의 앞뒷면처럼 함께 있기 때문이다. 앞으로 얼마가 될지는 장담할 수도, 예상할 수도 없지만 잘사는 삶, 잘 살았다고 하는 삶을 위해서 나 자신을 뒤돌아보며 참회하고 정진하는 신앙생활을 하면서 나약해지기 만하는 마음을 다잡아 보기도 한다.

이제 얼마 안 있으면 새해가 다시 밝아 온다. 봉오리를 맺기 시작하던 우리 집 행운목이 꽃을 활짝 피우고 있다. 향수 몇 병 쏟아 부은 것 같은 향기가 온 천지를 진동시킨다. 꽃봉오리가 활짝 피었다가 아침이면 봉오리를 오므리며 향수를 닦아낸 것처럼 향 내음은 자취를 감추고 있다. 분명히 행운이 온다는, 생애 몇 번 밖에 피지 않는다는 행운목이 몇 년 전에 또 피어 우리 집에 행운을 듬뿍 가져다주었다. 하지만 세 번째 행운목이 필

때에 "우리 집에 또다시 행운이 올 모양이다."라고 출근하는 아들에게 얘기했더니 흐뭇한 모습으로 출근을 했는데, 웬걸, 점심시간에 아들이 족구를 하다가 발목 인대가 나가버려 병원에 입원하는 모습을 보면서 행운목이 100% 행운을 주는 건 아니라는 사실을 알게 되었다.

하지만 행운을 준다는 행운목이 나의 가정에 소원을 이루어 주는 버팀목이 되었으면 좋겠다.

눈을 뜨면 밝아오는 아침 해를 바라보며, 또 하루를 헐어본다.

살며 사랑하며

시낭송 일정이 잡혀있어 그곳으로 가기위해 아침부터 부산하기만 하다. 오늘따라 산 뻐꾸기 우짖는 소리가 유난히 가까이에서 들리고 있다. 아쉬운 봄이 소리 없이 가버리고, 어느새 정열의 여름이 내 곁으로 성큼 다가오고 있다. 계절은 속일 수가 없어 꽃피고 새우는 봄이 오고 나면 어김없이 여름이 다가오지만, 이번 여름은 나에게 있어 의미가 깊다고 생각된다.

시낭송으로 일정이 잡혀있는 양산으로 가기 위해 집에서 일찍 출발을 했다. 낭송을 한 다음 우리 일행 중에 이번에 신인으로 등단한 시인의 학교 동기가 운영하는 블루베리 농장에 견학을 하고 큰며느리가 카자흐스탄에서 온다기에 부랴부랴 부산을 내려왔더니 반가운 소식이 기다리고 있었다. 검찰청 수사관으로 근무하는 작은아들이 결혼 몇 년 만에 집을 계약했다고 하니 무엇보다 기쁘기 그지없다.

오늘은 행복한 날인 것 같다. 카자흐스탄 알마티 사는 큰며느리가 연세대학 문화원에 한국어 연수차 입국하였는데, 수업이 시작되기 전에 먼저 시부모에게 인사하기 위해 부산에 왔다. 저녁을 갈비 집에서 맛있게 먹고 사진을 찍어 카톡으로 외국에 있는 큰아들에게 보내었다. 식사비를 작은아들, 그리고 남편이 서로 내려고 하는 찰나에 큰며느리가 어느새 나가서 계산을 했다고 한다. 나도 모르게 행복한 미소를 짓지 않을 수 없었다. 큰며느리는 카자흐스탄의 명물인 온갖 종류의 건과류를 준비해서 가져왔고, 공항 면세점에서 비싼 샤넬향수와 영양크림을 건네

주면서 시아버지 시동생, 동서에게도 각각의 선물꾸러미를 건네주었다. 손녀가 외국 사람인 큰엄마를 보면 울지 않을까 걱정을 했는데, 그건 기우에 불과했다. 처음엔 뚫어져라 쳐다보다가 꼭 안아주니까 손녀도 같이 꼭 안고 있지 않은가. 작은아들보다 큰아들이 1년 늦게 결혼을 하기도 했지만 결혼 몇 년이 지나도록 아직 애기 소식이 없어 섭섭한 마음 금할 수가 없지만 큰아들 내외의 마음은 오죽할까 싶어 아무 말을 할 수가 없다. 마음으로나마 기도를 하기 위해 내가 적을 두고 있는 사찰에 소원성취 백일기도를 계속 올리고 있다. 자식자랑을 하면 반 푼수란 말도 있지만 나에게 있어 가장 큰 보물인 두 아들은 내 아들이어서가 아니고 객관적으로 보아도 나의 큰아들은 우선 예의범절이 지극히 바르다. 초등학교 때에 담임선생님이 "예절교육을 어머니에게 받으러 가겠습니다."고 하셨다. 이웃 어른에게 볼 때마다 인사를 하니 너무 미안해서 오히려 빙 돌아서 다닌다는 얘기를 듣기도 했다. 예의범절은 말할 것도 없거니와 우선 인사성이 바르고 상사에게 깎듯하고 부하직원들을 아끼고 이끌어주어 존경을 받고 있다는 얘기를 나의 큰며느리는 자랑스럽게 들려주고 있다. 그리고 비즈니스를 잘하니 실적이 세계 지사 중에 1위를 달리고 있다고 한다. 나의 삶은 두 아들의 뒷바라지를 위해 열심히 달려왔다고나 할까. 그러고 보니 어느새 많은 세월이 흘러가 버리고, 이제는 자식들이 부모 걱정을 하면서 도움을 주고 있다.

서울 연세대학교에 어학연수를 보내기 전에 큰며느리와 백화점에서 쇼핑도 하고 부산의 명물이 있는 곳을 탐방을 하고 난 다음 KTX를 타고 가는 모습이 보이지 않을 때까지 며느리와 우리 부부는 손을 흔들며 작별의정을 나누었다.

영화 국제시장이 준 메시지

부산시민이라면 가장 친숙하게 여겨질 국제시장의 영화를 감상하게되었다. 이 영화는 우리나라 격변기의 한 서민의 애환이 고스란히 담겨져 우리들의 살아있는 이야기, 즉 살아있는 역사의 단면을 보여주면서 눈물과 웃음이 교차하는 감동을 주었다.

1950년 6 · 25사변이 나면서부터 현재에 이르기까지 역경을 디디며 오뚝이 인생처럼 일어나는 꿋꿋하고 평범한 아버지에게 초점을 맞추어 노부부가 회상을 하면서 이야기는 전개된다. 중공군이 흥남으로 들이닥치면서 흥남주민의 피난민들은 미군에게 '살려 달라' 고, 애원을 한다. 미군함장은 "무기를 버리고 피난민을 태우라."는 지시를 내리는 지휘자의 결단으로 많은 사람을 살리게 되었다. 수백만의 흥남시민은 군함에 타기 위해 사생결단으로 배에 오르면서 주인공 덕수는 사 남매의 막내 여동생을 어깨에 매달고 배에 오르다 여동생을 배에서 떨어뜨리게 되는 아슬아슬한 장면은 보는 이의 마음을 안타깝게 했다.

아버지와 어머니는 갓난 애기와 남동생을 데리고 있다가 여동생을 떨어뜨렸다는 사실을 알고 아버지는 여동생를 찾아나서게 되면서 이산가족이 되어버렸다. 아버지가 배에서 내린 흥남부두는 중공군의 폭격으로 아수라장이 되었다. 중공군의 인해전술로 고향인 흥남에서 남으로 내려오게 되면서 덕수(황정민 분)는 부산에 정착을 하게 된다. 흥남에서 피난을 내려오면서 "아버지가 없는 자리에 너는 우리 가정에 가장이 되어야 한다. "는 말씀을 새겨 들으면서 힘든 시련이 닥칠 때마다 '아버지' 를 부르면서 아버지의 말씀을 떠올리면 덕수는 다시 힘이 나면서 용기를 되찾는다.

아버지가 안 계시는 가정에 어머니는 바느질로 겨우 생계를 유지하고 있고, 우수한 머리를 가져 서울대 합격한 동생의 뒷바라지를 위해 덕수는 독일의 광부로 지원을 하게 되었다. 목숨과 바꾸었다 할 정도의 열악한 현장인 지하 수십m의 깊은 탄광에서 번 돈으로 국제시장에 가게도 사고 우리나라에서 파견된 간호사와의 만남은 결혼으로 이어지게 되었지만 다시 월남전에 파견을 나가게 되고 그곳에서 다리를 잃게 된다. 목발을 짚고 귀국한 남편을 붙들고 대성통곡을 하는 아내는 "왜 당신은 자신의 인생은 없는 거냐, 왜 평생을 부모형제를 위해 희생만 하느냐?"는 아내를 보면서 월남전에 가지 말라고 극구 말렸던 그때의 아내를 회상해 본다. 그리고 서울 여의도 이산가족 찾기 운동에서 아버지와 여동생을 찾으려고 무진 애를 썼지만 아버지는 결국 못 찾게 되고 여동생을 어깨에 태웠다 떨어뜨리면서 저고리 끝자락을 곱게 간직했던 것과 귀 뒤에 있는 사마귀가 증표가 되어 미국 LA에서 한국 입양아를 데려간 외국인 남편을 가진 여동생을 TV방송국을 통해 극적으로 상봉하게 되면서 어머니와 형제, 자매와의 만남을 가지게 되었다. 고진감래苦盡甘來 끝에 어느새 슬하에 자식과 형제자매의 다복한 한 가정을 이룬 덕수는 "아버지 나 많이 힘들었습니다." 아버지의 영정 사진 앞에서 절규하는 듯한 주인공의 독백으로 피날레를 장식하였다.

나의 시부모님께서도 이북태생 이시다.

일사후퇴에 황해도에서 지금의 나의 남편을 업고 피난을 했다고 하셨다.

그때에 울면 바로 사살이 되기 때문에 만약 우는 아이가 있으면 입을 틀어막고 죽음을 당했다는 전쟁의 참혹한 현실을 알게 되었다.

나의 시아버지는 함경도 출신이고 시어머니는 황해도 출신이셨는데 부산까지 피난 오셔서 자수성가를 하게 되었고, 내가 결혼할 당시에만 해도 부산의 유지 이셨다. 여의도 이산가족 찾기 운동 때에 나는 서울에 살고 있었다. 나의 시어머니와 남편은 비치파라솔을 펼쳐놓고 이북의 가족과 친지를 찾으려고 무진 애를 써보았지만 먼 친척 한 분을 겨우 찾아 살기가 어려운 그 분을 도와주었지만 자주 만나지는 못했다. 시어머니가 살아 계셨을 때 이 영화가 개봉되었더라면 얼마나 감개무량 하셨을까 하는 생각을 해보면서 이제야 개봉을 한 국제시장이 아쉽게만 느껴지는건 왜인지 모르겠다. 국제시장 영화는 한국전쟁 발발 후 현재까지 우리나라 경제성장의 초석이 되었던 현실을 적나라하게 보여주고 있지만 그 옛날 돛대기 시장이라고 하던 지금의 국제시장과 피난민 판자촌 등, 삶의 애환을 다각적으로 조명해 보여 주었더라면 어떠했을까 하는 생각을 해 보았다.

어머니의 우정

일 년의 중심에 서서, 여름의 초입에 들어선 유월은 가야할 곳도 많고 할 일이 태산이다. 녹음이 점점 짙어져만 가는 정열의 계절이 다가올 즈음 차근히 계획을 세워 본다.

유월은 다시는 있어서도 안 될 6 · 25사변으로 인한 순국선열들의 넋을 기려보는 달이 되어야 할 것 같다. 한반도가 두 조각으로 나누어지는 불행한 역사의 뒤안길에서 순국선열이 있었기에 지금의 내가 존재하고 있지 않을까? 그분들에게 흰 국화꽃 한 송이라도 올려 그분들의 넋을 위로해야 할 것 같다.

삶과 죽음의 기로에 선 어머니 친구 병문안을 위해 미국에서 오신 어머니 친구 분과 어머니를 모시고 양산에 있는 노인요양병원에 다녀오게 되었다.

투병 중이어서인지 백발이 되어버린 그분에 비하면 내 어머니와 미국에서 오신 어머니 친구 분은 아주 정정하시다. 미국에서 오신 어머니 친구 분은 비록 팔순이 넘었지만 아직 자신의 양재기술 능력이 있어서인지 나이 보다는 10년은 젊어 보인다. 나는 어머니와 친구 분의 점심 대접을 하기 위해 송정의 '바우덕이'라고 하는 호젓한 초가집 분위기가 있는 이곳을 찾았다. 그 옛날 초가집을 연상케 하는 초가집과 맛있는 한정식으로 잘 대접받았다며 연신 감탄을 하신다. 점식 식사를 하고 난 후 하얀 포말 일으키는 검푸른 바다가 보이는 송정 바닷가로 향했다. 바람이 많이 불어 철썩이는 파도 소리에 두 분은 마치 처녀시절로 돌아간 듯 행복해 하시는 모습을 디카 촬영으로 카메라에 담아 현상을 해드리기로하였다. 두 분은 그 옛날의 추억을 떠올리며 "우리말이야 좀 더 멋지게 곱게 살다가 가자."고 하시며 다짐을 하신다. 어머니 친구 분은 나에게 "좋은 곳에서 대접을 잘 받았다."고 하시며 연신 고마워하시며 포옹을 하셨다.

유월의 태양이 하얗게 내리는 백사장에서 젊음을 회상하며 옛이야기로 시간 가는 줄 모른다. 구 남매의 맏딸이신 어머니의 젊은 시절은 동생의 온갖 뒷바라지와 빨랫감을 가지고 물이 귀했던 그 옛날에 냇가를 찾아다니며 빨래하느라 많은 시간을 보냈다고 하시며 너희 엄마는 일복도 유달리 많으셨다고 하신다.

그래도 "너희 어머니는 백 년은 아니지만 아버지와 해로하고 아들딸 다 잘 되어 있어 자랑할 일이 많으니 얼마나 좋으냐."고 하시며 부러워하신다. 어머니 친구 분은 "나는 일부종사도 못했고, 딸은 결혼해서 그런대로 살고 있지만 아직 아들은 마흔이 넘기까지 장가도 못 가고 있다."고 하시며 남은 인생 열심히 살다가 5년 뒤에 다시 만나자고 맹세를 하면서 두 분은 헤어짐을 못내 아쉬워했다. 두 분의 돈독한 우정을 옆에서 지켜보면서 진정한 우정이란 마음속 깊은 곳에서 우러나오는 순수한 마음이란 것을 느껴 보았다.

만나서 하시는 말씀의 핵심은 죽음에 대한 이야기였다.

모든 사람은 자신은 죽지 않는 걸로 착각을 하며 살아가고 있지 않을까?

하루하루 죽음을 향해 다가가는 우리는 시한부 인생이기도 하다. 죽음을 조용히 생각하며 어떻게 해야 조용히 자는 잠에 곱게 갈 수 있을까. 그건 아마 복중의 최고의 복이지 않을까. 얼마 전 돌아가신 아버지, 한 줌의 재만 남기고 어느 세상으로 가셨을까? 허무하기 그지없는 게 우리네 인생이다.

"현생에서 복을 많이 지으면 다음 생에 윤회해서 좋은 곳에 태어나기도 하고 더 많은 복을 지으면 서방정토 아미타 극락세계에서 영원토록 살 수 있다."는 말씀을 주지 스님께서 자주 하신다.

'생자필멸生者必滅', '회자정리會者定離'는 우주만물은 항상 생사와 인과가 끊임없이 윤회하므로 한 모양으로 머물렀다 죽는 것은 모든 생명의 이치'이다.

만난 사람은 언젠가는 헤어지기 마련이다. 이는 법구경에 나오는 구절이다.

남의 눈에 눈물 흐르게 하지 아니하고 오직 사랑하는 마음 하나 가슴에 담고 물 흐르듯 구름 가듯 그냥 그렇게, 살아가면 되는 것이다.

어머니 친구 분께서 "미국에 가면 잊지 못할 거야. 너무 고마워."라고 하시며 다시 한 번 포옹을 해 주셨고, 내게는 어머니의 오랜 우정을 소중히 간직하는 추억의 한 페이지를 만들어 드리는데 일조를 했다는 뿌듯한 마음으로 효도를 하는 하루가 되었다.

죽음이란?

짹짹짹짹 까치가 설날도 아닌 데 유난히 감나무에서 추석명절을 느껴 보기라도 하라는 듯 계속 뜰 앞 감나무에 앉아 지저귄다.

갑오년 올 추석에는 술을 좋아했던 시동생이 운명을 하였다. 다른 술친구들은 오래전에 저세상으로 갔지만 시동생은 타고난 체력이 좋아 오래 살 거라고 생각했는데, 술에는 장사가 없나보다. 술시만 되면 술을 마셔야 하는 중독성을 자제하지 못하는 시동생이 참으로 안타까웠고, 그것을 보면서 부모 마음이 얼마나 아프셨을까 하는 생각을 해보았다. 하지만 갈려고 하니 한순간이다. 참으로 허무한 게 우리네 인생인 것 같다. 다른 시동생에 비해 이 시동생은 결혼 후에 아들 둘을 보았지만 이혼을 하게 되고 우여곡절이 많아 평탄하게 잘 살고 있는 다른 형제에 비해 유난히 애환이 많았다.

한 번 왔다가는 인생인 데, 좀 더 잘 살다가 갔으면 이렇게 마음이 아프지는 않았을 텐데.

장례는 카톨릭식으로 하다 보니, 입관할 때에 향을 꼽는 게 아니고 향가루를 올렸다. 절에서 지내는 49재와는 사뭇 달랐다. 영락공원에 가서 화장을 하고 뼛가루를 항아리에 담아 정관 추모공원 납골당의 함에 넣고 나니 한 인생의 종지부를 찍는 마지막 날이 되어버렸다.

한 줌의 재로 남은 시동생의 뼈를 항아리에 담아 납골당으로 향했다. 추석날에는 장의사도 명절을 지내야하기 때문에 2일장을 치루 게 되었다.

남편 형제는 6남매이다. 딸 둘에 아들이 네 명이다. 내가 시집 올 때부터 시아버님 살아계실 때에는 부잣집으로 행복하게 잘 사셨는데, 시동생 삼우재 지내면서 오십년 이상을 저택에서 사셨던 시부모님과 시댁식구들과의 삶이 파노라마처럼 스쳐 지나간다.

내가 결혼할 당시에 시댁은 일본식 저택으로 일하는 사람이 2명이 있어 신혼생활 6개월 동안 내가 할 수 있는 일이 없어, 무료한 시간이었지만 살림살이를 도우면서 배웠다. ㄱ자 모양의 일본식 집은 그 넓은 평수가 거의 정원이었고 연못도 있고 우물도 있었다. 그 후에 양옥집으로 리모델링했지만, 그 당시의 일본식 집의 시댁은 넓은 정원과 연못이 있어 운치가 있었다. 시동생은 내가 시집올 때 만해도 중학생이었다.

갑오년 올 설에는 마음의 정리를 하려고 하였을까? 병원에 있어야 할 시동생이 명절 차례를 지내려고 아픈 몸을 이끌고 왔다. 몰골이 말이 아니었다. 마음이 참으로 아팠다. 병원에 가서 위로라도 하고 싶었지만 손녀 보느라 제대로 한 번 찾아 가보지 못 한 나 자신을 꾸짖어 보면서 죄송한 마음이 들었다.

삼우재가 추석 다음 날이어서 무지 하게 넓은 평야의 부산추모공원 이었지만 수많은 인파로 북새통을 이루면서 가는 곳마다 줄을 서있고, 인산인해를 이루고 있었다. 원두막에서 동서들이 준비해온 음식을 형제들과 나누어 먹으면서 형제간의 우의를 다지면서 시동생을 추모하는 삼우재가 되었다.

차향 가득한 원각사

해운대 장산 꼭대기에 있는 청정한 원각사 사찰을 다녀왔다. 점점 짙어만 가는 신록의 계절이 한껏 빛을 발하고 있는 이즈음이다. 온갖 산새의 합창이 여기저기에서 들려오고 뭇 생명들이 저마다의 아름다움을 뽐내고 있다. 신선이 노닐다 간 듯한 계곡의 물소리 대자연의 운치에 빠져 나도 모르게 노랫가락이 절로 나온다.

세존사 합창단 지휘자 선생님과 단원 몇 명을 내 차에 태우고 해운대 국군병원 부대를 통과해야만 오늘의 행선지인 원각사에 갈 수 있다고 한다. 부대 입구에서 주민등록증을 제시해야 한다고 하기에 보여 주었더니 주민번호와 폰 번호를 기록하고 주민증은 보관을 하고 집에 갈 때 가져가라고 한다. 일행을 다시 내 차에 태우고 한 10여 분을 더 가파른 장산 쪽으로 휘돌아 오르니 원각사 사찰이 한눈에 들어온다.

이렇게 높은 곳까지 올라와보니 주말을 이용한 등산객들로 북적인다. 이곳 등산객들의 시선이 차에서 내리는 우리 일행에게 집중되고 있음을 느껴본다. 절복을 입은 나부터 시작해서 행색이 보살처럼 보이는지, 쉽게 말을 걸지는 않았다. 이곳 총무 스님은 얼마 전까지만 해도 세존사의 같은 신도였다. 언제 이렇게 스님의 길로 들어섰는지, 같은 도반으로 세존사에서 함께 법회를 보고 기도를 한 그 세월이 자그마치 10여 년이 되었다.

십 년이란 세월이 찰나처럼 느껴지는 순간이다. 같은 도반으로 만났을 때보다 스님이 되고 난 지금의 얼굴이 더욱 편안해

보이는 건 나만의 생각일까.

일행은 법당에 들어서서 삼배의 예를 올리고 접견실이라고 해야 할지, 멋진 야외의 다도실에서 주지 스님께서 직접 뽕잎차를 심으셨다고 하시는 차 맛에 심취해 보며 집에서 먹었던 뽕잎차보다 더욱 구수한 그 맛을 음미해 보았다.

뽕잎차나무 줄기에서 채취한 그 맛은 잎보다는 또 다른 약간 비리하면서도 상큼한 맛을 주고 있다.

주지 스님께서 잠시 나가시고 난 후에 예전에 같은 도반이었던 총무스님께서 찻물을 직접 떠가지고 오셨다. 계속 차를 마시면서 담소를 나누다 보니 시간이 어떻게 가는지도 모를 지경이다. 마치 신선이 노닐다 간 것 같은 이곳이 바로 도솔천 내원궁이 아닐는지. 일행은 집에 갈 생각이 없어져 버리기라도 한 것처럼 맑은 공기의 이온산소가 곳곳에서 뿜어져 나오는 듯한 이곳의 정기에 흠뻑 빠져버렸다.

주지 스님은, 예전의 해운대 포교당은 다른 스님에게 맡기고, 장산의 정상 같은 이곳에 적을 두고 원각사를 둘러싸고 있는 광활한 차밭을 보면서 원각사에 심혈을 기울여 사찰을 돋보이게 만들고 계셨다. 앞으로 많은 발전이 있을 것 같은 느낌이 들었다. 원각사 야외 다실에서 해운대와 광안대교가 눈 아래로 보이고 있다. 높은 빌딩 숲으로 이루어진 해운대 최고층 아파트 아이파크가 바로 정면에 펼쳐져 있다. 이곳은 특히 밤의 운치를 더욱 느끼게 해 준다는 주지 스님의 말씀이 계셨다.

원각사 사찰에서 분기별로 템플스테이도 하고 달빛 다라니기도와 달빛 명상기도가 있다고 한다. 우리 일행은 달빛다라니기도에 마음이 선뜻 동하는 것 같다. 장산역에서 이곳까지 올 수 있는 셔틀버스 시간을 묻기도 한다. 아쉬움을 뒤로 한 채 작별을 나누려고 하는데, 외국 스님께서 오시더니 자신이 직접 볶아서 간 원두커피 맛을 보라고 하신다. 한참을 갈고 계시더니 한 잔씩 따라 주시는 그 맛 또한 일품이다. 원두커피를 유난히 좋아하는 나는 스님의 정성이 듬뿍 들어있는 원두커피의 또 다른 진미를 느껴보았다. 외국 스님께서 한국말을 아주 유창하게 잘 하셨는데 "빨리빨리 하는 것 좋은 습관이 아니다."라고 하는 그 말씀을 새겨보며 TV프로에 나오는 블랑카 같은 말투처럼 느껴져 참으로 재미있는 스님 같은 느낌이 들었다. "어떻게 이곳까지 오셔서 스님이 되셨느냐?"고 여쭈어 보았더니 외국 스님 왈 "바람처럼 구름처럼 인연 따라 이곳까지 오게 되었다."는 명언 같은 말씀을 해 주셨다.

아름다운 비경으로 둘러싸여 있는 이곳 원각사까지 좋은 인연이 되어 자가용으로 인도해준 나에게 일행은 고마운 마음이 깃든 인사를 했다. 원각사 주차장에는 관세음보살님께서 배웅의 인사라도 하려는 듯 미소를 짓는 모습을 보며 기념촬영을 한 다음 합장을 하고 곧장 장산 정상을 굽이돌아 내려오니 마치 천상에서 신선과 함께 노닐다 다시 지상으로 내려온 것 같은 하루가 되었다.

카자흐스탄 알마티 여행

큰아들의 초청으로 카자흐스탄 경제도시 알마티에 다녀오게 되었다. 외국 생활에 익숙해 있는 나의 큰아들은 몇 년 전에 결혼을 했다.아들 덕분에 베트남 하노이에 이어 두 번째 방문이 되는 셈이다.

설레는 마음 가득 안고 공항으로 향했다. 싸늘한 아침 공기는 코끝이 찡하며, 귓불이 시렸다. 큰아들은 카자흐스탄 알마티 주재원으로 선박과 지하철, 전동차, 각종 자동차 수출 비즈니스를 맡고 있다. 카자흐스탄 남동부에 위치한 알마티는 인구가 약 14만 명의 카자흐스탄 최대의 경제 도시이다. 소련시대의 공식명칭 '알마아타' 는 1912년 '알마티' 로 바뀌었다. '알마아타' 라는 이름은 카자흐어로 '사과의 도시', '사과의 아버지' 를 의미한다. 도시부근에 사과가 많았기 때문이라고 한다. 여느 중앙아시아의 역사와 마찬가지로 러시아의 영향을 받았다. 19세기 러시아의 작은 요새로 출발한 것이 도시발전의 계기가 되었고, 소련의 계획 아래 꾸준히 발전하였다. 1920년대 시베리아 사이에 도로가 완성되었고, 1930대 투르크 시프 철도가 개통된 것을 계기로 교통적으로도 중요한 위치가 되었다. 알마티는 1929년 카자흐 SSR의 수도가 된 이래, 소비에트 연방으로부터 독립한 1991년까지 카자흐스탄공화국의 수도였지만, 1998년에 아스타나로 수도가 이전되었다. 현재의 알마티는 카자흐스탄에서 가장 발전된 도시이다. 공업이 발달하였고 학술과 문화의 중심지이기도 하다. 카자흐 종합대학을 비롯해 여러 개의 대학이 있고, 교외의 스케이트링크인 메디오는 국제적으로도 유명하다. 현대적인 빌딩들과 러시아 정교의 화려한 건축물, 이슬람 모스크 건축물들이 기묘하게 조화를 이루로 있어 일찍부터 계획적으로 정비된 도시이기 때문에 넓은 도로와 공원 무성한 일찍부터 계획적으로 정비된 도시이기 때문에 넓은 도로와 공원 무성한 가로수는 도시 분위기를 더욱 여유롭게 보이게 만든다. 전체적으로 유럽풍의 도시이며, 도시 곳곳에서 거대한 산맥에 쌓여 있는 만년설을 볼 수 있다.

아시아와 유럽의 문화가 혼재된 이 도시의 첫인상은 두려움과 낯설음일지도 모른다. 하지만 어디서도 느낄 수 없는 문화적 신비로움과 자연친화적인 도시풍경은 중앙아시아의 매력을 느끼기에 충분하다. 이곳 카자흐스탄은 사회주의 국가이어서인지 출입국 심사가 까다롭다. 비자 발급도 받아야 하고, 초청장도 받아야 한다. 아들 부부가 공항에 마중을 나와 입국 절차를 밟아 주어 편하게 공항을 나올 수 있었다. 아들 집에 도착하고 보니 웬 황소 같은 개가 나만 보면 잡아먹을 듯 짖어 대고 있다. 아들 집은 알마티 부유층들이 살고 있는 APT 여서 일까? 한눈에 보기에도 고급스럽게 보였다. 하지만 늑대 같은 셰퍼드 해피가 너무 짖어 아들 내외가 방에 가두어 두었더니 침대에 배뇨를 해 버려 한바탕 소동이 일어났다. 나만 보면 짖어 대던 해피가, 나에게 '피신처가 되어 달라' 며 내 뒤에 숨기 바쁘다. 큰 개를 집안에서 키우면 아마 우리 한국 같으면 반상회를 한다든지 경비실에 신고를 해서 개를 쫓으라고 야단이 날 텐데 이곳 카자흐스탄 주민들은 마음이 참으로 너그럽다는 생각을 해보았다. 올해의 마지막 날인 오늘 이곳 지사장님의 초대를 받고 고려인이 경영하는 원동이란 한식집에서 저녁을 함께 하였다. 이번에 부장에서 본사 상무로 승진을 하게 되었고, 이번 주에 한국 본사로 들어간다고 하였다.

빠른 승진에 아들의 상사에 대한 예우로 축하를 드렸다. 다음엔 한국에서 만날 것을 약속하고 작별의 정을 나누며 헤어졌다. 아들 부부와 나는 곧장 집으로 돌아왔더니 아들의 집에서도 잔치가 벌어졌다. 카자흐스탄의 정서에 맞는 음식을 하느라 며느리의 친정아버지와 어머니는 온종일 부산하다.

송년送年을 보내고 '새해 복 많이 받으세요.' 라는 인사를 주고받으며 종일토록 정성스럽게 만든 음식으로 샴페인을 터트리며 만찬을 즐겼다. 이곳 카자흐스탄과 주변 국가는 보다 나은 새해를 위해 폭죽을 터트리며 가는 해와 오는 해가 교차하는 마지막 날에는 잠을 자지 않는다고 한다. 그리고 명절에는 보름정도 도시의 모든 상점이 문을 닫는다고 했다. 새벽이 되어가는 이 시간에도 폭죽 소리에 잠을 청하지 못하고 있다. 폭죽 소리 때문인지, 시차 때문인지 잠이 오질 않아 노트북에 네이트온 다운로드를 받고 새해 인사를 자그마치 100통을 보냈다. 한국과 시차가 3시간 정도인 이곳 알마티에 꼭두새벽부터 문자가 들어오기 시작한다. 내일부터는 폰을 끄고 자야겠다. 폰은 켜놓으면 자동 로밍이 되어 폰 요금이 많이 나온다며 "엄마 폰 완전 꺼 놓고 형 폰을 쓰도록 하세요."라는 야무진 작은아들의 전화 목소리에 폰을 꺼 두었다. 어제는 Mega라는 알마티에서 가장 큰 마트에서 피자헛과 햄버거로 외식을 하고 이곳 카자흐스탄의 차맛을 보기 위해 홍차와 녹차를 샀다.

미끈미끈한 팔등신 미녀들이 오고 가는 이곳의 카자흐스탄은 세계에서 여자들이 가장 예쁘다는 얘기를 듣던 바가 있었지만 감탄할 정도로 미녀들이 많아 배우와 모델들만이 모여 사는 나라인 듯 했다. 며느리는 자연 세안비누를 친정어머니와 나에게 선물로 주었고, 내가 좋아하는 아이패드를 선물로 주었다. '내가 갖고 싶었다는 걸 어떻게 알았을까?' 하지만 나 때문에 아들의 이번 달 월급이 과다 출혈이 되지 않을까 싶어 사뭇 걱정스러웠다.

아들의 집에서 나흘을 보내고 다섯째 날에는 '만년설이있는 알마티의 심불락Shymbuak 스키장은 꼭 다녀와야 한다.'고 하여 아침에 일찍 일어났다. 이곳 타란곳은 800~900m의 고지로 북한산 꼭대기보다도 조금 높은 곳이다. 만년설이 있는 마을 뒤에는 유목민의 역사가 느껴지는 마을이 있다. 아들 내외와 사돈내외와 함께 케이블카로 20분 정도 올라가니 스키장이 있는 곳에 도착을 하고 식당에서 양고기와 돼지고기 바비큐를 빵과 함께 시식을 하였다. 노린내가 날 것 같은 예상을 뒤엎고 맛있게 먹었다. 오후 5시 30분까지는 케이블카 마지막 시간이기에 식사를 마치고 서둘러 내려왔더니 수많은 사람이 케이블카를 타기 위해 꽉 들어차 있었다. '질서가 없다'는 얘기를 했더니 이것이 '카자흐스탄사람들의 수준'이라는 얘기를 아들은 해주었다. 케이블카에 정원을 초과해서 타고 보니 왠지 불안했다. 덜커덕거리며 아득한 벼랑으로 험준한 협곡으로 20분을 내려가니 우리를 기다리는 차가 대기하고 있었다. 카자흐스탄의 명절 연휴지만 아들의 회사 기사를 나오라고 할 수도 있으나 명절을 잘 쉬라는 뜻으로 택시를 대기시켜 놓았다고 하였다. 알마티 아들의 집 식탁 메뉴는 과연 세계적이다. 숟가락, 젓가락, 포크와 나이프로 한국식과 유럽식의 식사를 하게 되었다. 사돈 내외는 러시아와 아르메니아인이다. 주식으로는 주로 빵과 고기와 베이컨, 치즈 샐러드를 먹는다고 한다. 한국 사람인 나와 아들은 밥

에다 국이나 찌개가 있어야 하고, 김치와 김으로 식사를 했다. 사돈 내외는 1월 1일에 우즈베키스탄의 수도 타슈켄트에 있는 집으로 떠나기로 되었지만 이곳 알마티의 일기관계로 비행기가 뜨지 않아 이틀 지난 후에 작별의 인사를 나누며 떠나셨다.

카자흐스탄 알마티에 온 지 3일째인 오늘은 남편의 밍크 모자를 사기 위해 알마티 데파트에 왔더니, 1월1일부터 보름동안 연휴였지만, 상점문을 연 곳이 많았다.

'알마티 시장에서 아들의 기사는 친절하게도 길 안내를 잘해주었고, 상점문을 닫지 않은 이곳저곳을 수소문해가며 데파트에서 밍크 모자를 사게 되었다.

아직 연휴이기도 한 아들의 회사 근처에서 외식을 하자고 해서 갔다가 아들의 회사는 이곳 알마티에서 가장 큰 빌딩에 근무를 하고 있다는 사실을 알게 되었다. 한국에서 알마티까지는 7시간 알마티에서 한국까지는 5시간밖에 걸리지 않았다. 시차는 한국이 3시간 빠르다. 아들이 다니는 회사를 디카에 담아보면서 기념촬영을 했다. 그리고 아이패드에도 열심히 담아 두었다. 추억의 기록으로 남는 건 사진뿐이기 때문이다.

다섯째 되는 날부터 아들은 새해 첫 출근을 하게 되어 오늘부터는 말이 통하지 않는 며느리와 단둘이 있게 되었다. 며느리는 네일아트도 명절 연휴여서 쉬고 스파도 쉬었지만 경락 마사지와 보디마사지를 받으라며 굳이 전화로 연락을 해서 출장 보디마사지를 받게 해 주니 몸이 날아가는 것처럼 가벼워졌다. 효자 아들 내외 덕분에 한국에서도 누리지 못한 호강을 이렇게 하고 있다.긴 명절연휴에 가스레인지 역할을 하는 인덕션이 다운이 되어 빠른 복구가되지 않아 어제부터는 계속 외식을 하고 있다. 오늘은 며느리와 아침식사를 아파트 1층에 있는 로비 레스토랑에서 하고 디카와 아이패드에 담아 보았다.벌써 귀국 할 날짜가 모레로 다가왔다. 알마티에 온지 엿새째 되는 날에 아들이 출근하면서 "어머니 이네사와 공항 근처에 있는 유황온천에 다녀오세요."라고 하며 아들이 기사를 보내주었다. 이곳은 한국인이 경영하는 유황온천이었다.

김치공장을 5년 정도하다가 이곳 온천을 인수 받았다고 하면서, 서울에서 이곳 알마티에 온 지가 벌써 18년이 되었다며, 식당과 함께 경영을 하고 있었다. 딸 둘을 한국인에게 시집보내었다고 자랑스럽게 얘기를 하는 모습을 보니 한국인에 대한 자부심 또한 대단하였다. 한 번 다녀갔다는 내 아들의 이름을 기억하고는 자장밥과 반찬을 주면서 식대를 받지 않았다. 감사의 마음으로 이곳에서 아들의 식사를 위한 김치를 2kg 사가지고 왔다. 며느리는 아침과 저녁으로 운동 겸 셰퍼드 해피와 산책 다녀오는 게 하루 일과인 것 같다. 아침 산책을 며느리와 함께하고 아들의 집으로 돌아오니, 메이드가 집안 곳곳을 온종일 깨끗이 청소를 하고 있다. 언제 일주일이 흘러가 버렸는지, 오늘은 한국으로 귀국하는 날자가 잡혀있는 날이다. 비행기의 이, 착륙은 항상 나를 긴장 시킨다. 그리고 기내에서 오랜 시간 앉아 있어야 하는 인내를 요구한다. 최선을 다해 효도 하는 아들 내외의 지극정성에 '나는 복을 참 많이 받았다' 는 생각을 해보았다. 아들 내외는 공항에서 게이트에 들어 갈 때까지 손을 흔들고 있다. 왠지 마음이 찡해진다. 자식은 나이가 들어도 왠지 안쓰럽다, 먼 나라에 떨어져 있어서일까? 며칠 상관에 올해와 작년이 되어버렸지만 영어로 러시아어 통역을 담당한 러시아 아가씨와 몇 년 전에 한국에 나와, 결혼식을 올리고 제주도 신혼여행을 다녀온 다음 이곳 알마티에서 신접살림을 하고 있다. 아들은 이제 어머니의 보호자가 되어 비행기에 함께 탑승하게 된 거래회사 직원에게 부탁을 한 것 같다. 일일이 무거운 짐도 들어주고, 수속절차도 지켜봐 준다.

도착할 때까지 잘 인도해 주어 아들이 살고 있는 알마티에 갔을 때만큼 편하게 귀국을 하게 되었다. 그리고 좌석배치를 잘 해주어 밤 12시에 출발을 하는 비행기 속에서 곧장 누워 잠을 편히 잘 수 있었다. 아침 식사시간이라는 방송 소리에 일어나 아침 식사로 오무라이스를 먹고 조금 있으니 착륙을 한다고 안전벨트를 하라는 안내방송이 흘러 나왔다. 착륙을 시도하나 했더니, 어느새 살포시 내려 앉아 시속 300km로 질주하다가 서서히 속도를 낮추고 공항 출구 쪽으로 데려다 주었다. 큰아들 내외의 예쁜 손자, 손녀를 기다려보며, 알콩달콩 행복하게 잘 살기만을 부처님께 발원 드린다.

겨울 나그네

우주 공간으로
새처럼 날아올라
별빛과 눈 맞춤하고

한 해의 교차점에서
주파수를 타고
유랑을 떠난다

검은 바다 넘실대는

시린 바람 타고
그리움으로 먼동이 트네

동녘의 아침 햇살 넘실대며
살며시 내 곁에 다가와
창문을 두드리며

고요한 심원 꿈결인 듯
수면 위로 떠올라
하얀 그리움으로 물들어
지구촌 저편으로 날아가고 있어.

율이 공주 탄생한 날

눈에 넣어도 아프지 않을 어여쁜 첫 손녀가 태어났다.

애기는 처음 태어났을 땐 그렇게 예쁘거나 잘생기지 않다가 조금씩 커가면서 인물이 달라져 잘생긴 아들과 어여쁜 딸로 변하는 모습을 보여 주었다. 하지만 내 눈에 콩깍지가 씌었을까?

태어나면서부터 계속 폰으로 촬영을 해두었지만 세상에서 이렇게 예쁜 애기가 또 있을까! 예명으로 복실 이라고 아들 내외는 부르고 있었지만 말 그대로 오동통한 볼은 복이 한 아름 들어올 것 같은 얼굴을 하고는 세상모르게 편안한 잠을 계속 자고 있다.

매일 우리 복실이를 보러 갔지만 오늘은 사무실 일과 모처럼 운동을 해야겠기에 하루 결석을 했더니 무척 궁금하고 보고 싶다. 내일은 또 어떻게 변해 있을까? 입덧이 심해 애기를 가질 때는 힘들게 가졌지만 낳을 땐 언제 낳았는지 모를 정도였다고 하니 정말 다행한 일이 아닐 수 없다. 산후조리원에서 보름 동안 우리 복실이를 폰으로 촬영을 했지만 첫날 우는 모습 빼고는 계속 꿈나라를 헤매고 있다. 며느리는 산후조리원에서 퇴원을 하고 친정에서 몸조리를 더 한 후에 다시 은행으로 출근을 하게 되었다.

작은 아들내외는 다음 달 말부터 3개월만 복실이를 봐 달라고 하기에 무척이나 바쁜 일상에 쫓기고 있는 나이긴 하지만, 봐주겠다는 말이 불쑥 나와 버렸다. 작은아들 내외는 맞벌이를 하기에 애기는 아무래도 내 담당이 될 것 같은 예감이 들었다. 3개월 후에 검찰청사 안에 영 · 육아 시설이 완공되어 보육을 할 수가 있다고 하니 당연히 봐주어야 할 것 같다.

이제 큰아들 애기 소식만 있으면 이 세상에서 내가 할 일은 다 한 것 같은 기분이 든다. 큰아들 내외의 손자, 손녀의 소식이 자못 기다려진다. 큰아들과 큰며느리의 인형 같은 얼굴의 합성은 아들이나 딸을 낳으면 정말 기대가 될 것 같은 느낌과 큰아들 내외의 애기 소식만 있으면 나는 세상에서 부러울 것 없는 가장 행복한 할머니가 될 것 같은 느낌이다. 두 형제의 터울은 2살이지만 둘 다 늦은 나이에 결혼을 하였고, 동생이 한 템포 빠르게 한 해 먼저 결혼하고 이렇게 먼저 애기를 낳았다. 남편은 친구가 선물한 보행기와 유모차를 아들이 기거하던 방에 갖다 놓고 손녀 오기만을 손꼽아 기다리고 있다. 문학회 편집국장일과 불문협 사무국장 일을 맡아 하고 있는 나로서는 난감하긴 했지만 3개월은 어떻게 해서라도 지혜롭게 애기를 잘 키워야 하지 않을까. 주변의 모든 일을 3개월 동안 스톱을 시켜야겠다. 그리고 닥치고 보면 어떻게 되겠지 하는 막연한 생각만이 앞선다. 21살의 이른 나이에 결혼을 한 나와는 반대로 두 아들은 36세와 38세의 늦은 나이의 결혼이었다.

오늘처럼 가끔 이렇게 집에서 쉬는 날이 오면 무엇부터 해야 할지 어디서부터 실마리를 풀어 나아가 할지 대책이 서질 않는다. 엄두가 나지 않지만 하나씩 점검을 하고 작업을 해나가다 보면 그 많은 일을 다 해 내고야 만다. 문학회에서 제일 일이 많은 편집국일과 사무국일은 끝이 없다. 산적해 있는 일을 뒤로 하고 오늘은 나의 손녀를 위해 그동안 미루어 두었던 수필을 기어코 써서 수필집을 내고야 말겠다는 다짐을 해 보았다.

두 돌 맞는 율이 공주

엊그제 태어난 것 같은 손녀가 벌써 두 돌을 맞이하고 있다. 녹음이 짙게 물들어 마치 산장 같은 느낌을 주는 우리 집 아파트 앞뜨락에는 백합꽃들이 온천지를 뒤덮어 마치 함박웃음을 짓는 듯 백합들의 향연이 한창이다. 올해에는 감나무에도 유난히 많은 감이 주렁주렁 열렸다. 작년에는 감이 언제 다 떨어졌는지 흔적조차 없었는데, 올해는 태풍이 여러 차례 왔음에도 튼실히 제 자리를 지키고 있다.

태어나면서부터 키운 손녀 율이가 세월이 언제 어떻게 흘러가 버렸는지 모를 지경이었다. 이제 손녀 서율이가 3살이 되고 유아원에 보내고 나니 이제야 내 본연의 자리로 되돌아 온 것 같아 유아원에 보내고 7시간이라는 보너스는 시간의 부자가 된 것 같은 느낌이다. 찰나 같은 세월이 2년이 흘렀다. 나의 손녀는 누가 봐도 예쁘고 귀엽게 생겼다고 칭찬 한마디씩을 한다. 우리 아파트에서 단연 인기 최고이다. "너는 왜 이렇게 귀엽고 예쁜거니." 같은 아파트 초등학교 아이들이 한마디씩 한다. 서로 볼록한 빰을 한 번씩 만진다. "너희들 손 씻고 얼굴 만져야 한다." 나는 으레 잔소리 섞인 노파심으로 한 마디를 던진다. 하지만 나의 손녀를 좋아하는 동네 아이들을 위해 먹을 것을 곧잘 제공해 주기도 한다. 이제는 제법 많은 단어를 말하고 있다. 언제 이렇게 입력이 되었는지 동물 그림도 모르는 것 없이 다 맞춘다. 사진 찍을 때에는 벌써 포즈도 취하면서 예쁜 짓을 하기도 한다. 핸드폰에 있는 뽀로로 만화 나오는 동영상을 혼자 작동을 하면서 다른 것도 작동하게 해 달라고 조르기도 한다. 요즈음의 아이들은 예전에 비해 정말 똑똑하다.

세상이 그렇게 만들어 준 것일까? 유아원에 보내고 보니 내 시간이 생겨 좋기는 하지만 항상 감기를 달고 다닌다. 콧물을 흘리면서 열이 오르락내리락하니 안쓰럽기 그지없다. 요즈음엔 병원에 매일 출근을 하고 있으니, 제발 아프지 않고 건강하게 자라주었으면 얼마나 좋을까. 올 추석에는 예쁜 나의 손녀를 위해 한복을 맞추어 입혀야겠다.

목포 기행

목포의 정기를 찾아 간 새부산시인협회 문학기행은 제일 먼저 우리를 유달산으로 인도를 해 주었다. 그곳 유달산에서 바라본 목포 전경이 아스라이 한눈에 펼쳐졌다. 비지땀을 흘리며 계속 산으로 올라가 보니, 점심을 알리는 옛날의 오포, 신기한 신호탄을 보며 그 옛날의 정서를 상기해 보았다. 그 옛날에는 점심을 알리는 신호탄을 대포처럼 생긴 오포로 쏘았다고 한다. 유달산에 오르니 그곳 가이드의 말을 빌릴 것 같으면 여체와 남성의 심볼을 대변하는 나무가 있다고 연신 그곳으로 한 번 가보라며 손가락으로 가리켜 주고 있다. 음양의 오묘한 조화를 이룬 나무가 아름드리 그 자태를 뽐내고 있다. 우리 일행은 때 이른 더위에 목포 저수지에서 올리고 있는 유달산 식수를 음미해 보고 흐르는 땀을 식히면서 기념촬영을 했다. 그곳에서 내려와 점심식사를 위해 미리 예약해둔 목포의 한정식 집을 찾아 일행은 한 끼의 식사를 맛있게 먹고, 문학관과 수석관으로 향했다. 목포지방의 문학관과 수석관의 시설이 정교하게 잘 정돈되어 있다. 그곳 문학관에서 그 옛사람들의 발자취를 더듬어보면서 폰으로 촬영을 열심히 했다. 웅장하고 멋진 문학관을 부러워해 보았다. 아직 부산에는 제대로 된 문학관 시설이 없으니 부산에 사는 시인의 한 사람으로서 깊이 반성을 해보았다. 문학관과 수석관의 앞 뜨락에서 그 옛사람들의 발자취와 정기를 더듬어보고 앞 뜨락 세 잎의 클로버 잔디에서 네 잎의 행운을 찾아 내 몫으로 만들기 위해 열심히 네 잎을 찾아보았다. 드디어 네 잎의 클로버

2개를 찾아내고 기념촬영을 연신했지만 세 잎의 클로버 잔디밭의 고운 정기 속에서 네 잎을 찾아내느라 세 잎 클로버를 몹시도 괴롭힌 것 같아 괜스레 미안한 마음이 들었다.

세 잎은 행복이고 네 잎은 행운이라고 한다. '자신의 행운을 찾기 위해 혈안이 되어 남의 행복을 짓밟고 있지는 않았는지.' 우리 인간의 극성으로 어느새 고개를 숙여버리고 있는 세 잎의 클로버를 측은히 지켜보면서, '너는 어느새 고단한 잠을 청하기 위해 고개를 떨구고 있구나.'

세월 따라 다녀본 문학기행 이었지만, 각 지역마다 저마다의 개성을 가지고 저마다의 독특한 특색을 지니고 있다. 새시인협회 문학기행 기념으로 타올과 내 키만 한 기장 다시마를 집까지 가져와야했다. 하지만 이렇게 챙겨 주시는 협회 회장님의 성의를 생각하면서 하나씩 먹기 좋게 잘라 4등분해서 동생들에게 나누어 주었다. 새부산시인협회 회장님의 따뜻한 마음에 감사를 드리며 올해의 목포 쪽 문학기행은 이렇게 피날레를 장식했다.

머나먼 여정

몇 년 만일까? 실로 오랜만에 머나먼 여행을 하게 되었다.

동남아시아 쪽으로는 많이 가보았지만, 베트남은 처음이다.

나의 큰아들이, 호찌민 지사장으로 근무하기 때문이다. 한국의 여성은, 농촌으로 시집가기를 꺼려하면서부터 한국정서와 비슷한 베트남 처녀와 한국총각의 교류가 많이 이루어지고 있는 현실을 공항에서 많이 목격하게 된다. 산달이 가까워 오면서, 친정엄마를 한국으로 초청하는 경우와 한국으로 시집온 새댁이 친구를 소개팅해서, 공항에서 양복을 쭉 빼입고 출구 쪽으로 연신 쳐다보고 있는 양복을 입긴 했지만 어딘지 모르게 시골냄새를 풍기는 남자들의 모습을 보았다. 오랜만의 긴 비행시간이어서일까? 귀가 멍해지기도 하고 뻥하고 뚫리기도 한다. 아니나 다를까 내 옆자리엔 우리나라에 시집온 베트남 새댁이 이제 9개월 된 애기를 데리고 친정 나들이를 간다고 한다. 애기는 가만있기가 지겨운지 연신 칭얼거린다. 식사시간에 기내에서 가져온 이유식을 먹고는 계속 깊은 잠을 자고 있다. 비행기는 곧 베트남 호찌민 공항에 착륙하게 되고, 짐을 찾아 공항을 빠져나갔지만, 잠시 아들이 보이지 않아 허둥댔지만 곧 환한 얼굴의 아들이 보이면서 일주일간의 여정을 풀어 놓았다.

아들의 아파트에는 메이드 두 사람이, 한 사람은 옷을 열심히 다리고 있고, 또 한 사람은 청소를 열심히 했는지 깨끗이 잘 정돈되어 있다.

“엄마 베트남 쌀국수부터 맛보셔야죠.”하며 마치 호텔 같은 1

층 로비에서 모처럼 아들과 둘만이 오붓한 식사여서일까, 맛있게 먹었다. 다음 일정으로는 이곳에서 한 4시간 정도면 갈 수 있는 판티엣 로마나 리조트에 예약을 해 두었다고 한다. 끝없이 질주하는 수많은 오토바이 행렬들, 토요일이어서일까, 특이한 거리 풍경에 경제도시 호찌민이라고 하지만 고속도로 사정이 많이 미흡한 듯하다. 갑자기 중앙선을 넘어서 앞질러 가는 아찔함에 깜짝 놀랐지만, 오른쪽은 오토바이 차선이어서 위반이라고 하며, 중앙선을 넘어 큰 트럭들을 앞질러 가야 한다고 하는, 이상한 도로 교통수준에도, 아들의 기사는 예전의 택시기사 출신답게 곧잘 운전을 하고 있다. 이곳 베트남의 사회 풍습으로는 오토바이에 온 식구들을 태우고 다니는 게 그들의 일상이라고 한다. 우리나라에서는 중간과정 없이 웬만하면 차부터 마련을 했지만 베트남에는 오토바이가 그들의 생활수준이고 재산목록이라고 했다. 결혼혼사 과정에서 어떤 오토바이인지에 따라서 결혼이 성사 된다는 얘기를 아들은 해 주었다. 늦은 밤에 도착한 판티엣 휴양지에 아들과 난 밤늦은 식사를 하였고 베트남이 한국보다 두 시간 늦은 시차에 아들의 단잠을 깨우기도 했다. 밤에 도착할 땐 광활한 넓은 대지에 마치 펜션 같은 저택과 울창한 숲으로 덥혀있고 파도소리만이, 깊은 정적을 깨뜨리고 있었지만, 아침 산책으로 지상 낙원 같은 환상적인 분위기의 아름다움에 압도당해, 디카로 촬영하느라, 시간이 어떻게 가는지 모를 지경이다. 유럽 여행객들이 즐겨 찾는 이곳, 판티엣 로마나 리조트에서 아침식사를 하기 위해 식당에 들어서는 순간 시선 집중이다. 아마도 낯선 동양인 이어서일까? 외국영화에서나 볼 수 있는 듯한, 유럽인들로 식당을 가득 채우고 있다. 유럽인들 특유의 가족과의 여행을 즐기고 있는 듯하다. 베트남 종업원들의 모습은 순박하고, 단아해 보인다. 아침 식사를 마치고 바닷가를 거닐며 휴양지에서의 낭만을 즐겨 보았다. 아침 식사 후에 스파 일정이 들어있는 보디마사지를 받을 때에는 마치 귀족이 된 듯한 느낌이 들었다.

셋째 날 일정에는 아들이 캐나다 어학연수 갔을 때 인연이 된, 누나가 일일 가이드가 되어, 대통령 궁에도 가고, 시내 중심지 쇼핑도 하고, 이름난 유명한 식당에서 점심과 차를 먹으면서, 여유로운 시간을 가져 보았고, 저녁에는 회사직원과 유명한 식당에서 랍스타 먹는 묘미에 빠져 보기도 했다.

2차는 하얏트호텔에서 프랑스 여인의 old pop의 피아노 선율에 맞추어 라이브로 멋지게 노래하는 아름다운 여인의 매력에 취해 보기도 했다.

넷째 날에는, 아들이 미리 예약을 해둔 보디마사지를 받고, 아들의 직원이 초대한 저녁 식사로 베트남에서 유명한 코스 정식을 음미하면서 먹었다.

다섯째 날에는 예약을 해둔 메콩강으로 향했다. 여행사에서 중심가의 호텔에서 예약한 손님을 픽업해서 메콩강으로 출발할 때는 세계 각국의 사람들이 모이게 되었다. 캘리포니아 부부, 잉글랜드에서 온 할머니 두 분, 상하이에서 온 아저씨 한 분과 싱가포르 부부, 텍사스 주에서 오신 아주머니 한 사람, 그리고 아들이 보내준 여비서와 함께 모두 10명을 봉고차에 태우고 매콩강으로 출발하게 되었다. 영어를 유창하게 하는 베트남 가이드의 멘트로, 두 시간 가량 달리다 보니 눈앞에 매콩강이 보였다. 조그만 배에 우리 일행을 싣고, 광활한 바다를 한참을 가다가, 더 작은 나룻배에 앞뒤에 두 사람이 노를 저으며 가운데 4 사람을 싣고, 몇 군데를 선착해서, 기념품 파는 곳과 가는 곳 마다 과일을 주었고, 전통악기로 공연을 보여주었고, 그곳의 전통 음악에 심취해 보기도 했다. 코코넛을 깨어 만드는 과정을 그대로 보여주어, 코코넛 캔디를 맛보면서, 기념품으로 사 오기도 했다. 점심은 세 번째 귀착지에서 먹게 되고, 그곳에서 한국 단체 여행객들을 만나게 되었지만, 너무 시끄러워 세계 각국 인들이 모인 이곳에서, 그들의 눈에 어떻게 비쳐질지 사뭇 걱정스러웠다. 우리 일행은 특이한 베트남의 전통음식으로 요기를 하고, 코코넛 열매속의 물을 스트로로 먹기도 했다. 저녁에는 호찌민 지점장님의 식사 초대 시간을 맞추기 위해 목욕을 급히 하고, 산해진미의 해산물로 유명한 해산물 뷔페식당에서 랍스타와 킹 클랩을 삶아 달라고 하며, 온갖 해산물의 별미에 푹 빠져 보는, 행복한 시간을 가지게 해주었다.

여섯 번째 날은 직원부부의 초대로, 베트남의 유명한 식당에서 월남 쌈과 랍스타를 먹으며 사진도 찍고, 직원부인이 사업차 태국을 경유하다, 며칠을 태국공항에서 태국국왕에 대한 반대데모로 공항에 갇히게 되었던 이야기로 시종일관 이야기꽃을 피웠다. 걱정스러운 남편은 전화를 수십 차례 했었다며, 남편의 사랑을 확인했다는 부인의 솔직 담백한 고백은 아름다운 환상의 커플처럼 보였다. 일곱 번째 날은 아들의 지영이 누나와 나머지 쇼핑을 하고, 그동안 대접을 잘 받은 보답으로, 직원들과 불고기 파티를 열었다. 아쉬운 작별의 정을 나누며 새벽 12시 40분 비행기를 타기 위해 공항을 향했다. 어두운 밤에 혼자 타인들의 틈에 섞여 공항 게이트에서 탑승을 기다리는 동안 잠시 불안한 마음도 들었지만, 김해 공항에서 반겨주는 남편과 함께 집에 들어서는 순간 첫 눈이기도 한 함박눈이 마치 그림처럼 탐스럽게 내려 아파트 거실에서 보이는 창밖의 풍경은 크리스마

스트리로 변해 온 세상을 하얗게 장식하고 있었다. 베트남은 불교 나라라고 한다. 기독교는 뿌리를 내리지 못하고 있고, 2%만 가톨릭 인구라고는 하지만, 월남전에서 미군들이 심어놓은 크리스마스를 답습하는 모습이 역력하다.

더운 열대지방이지만, 곳곳에서 캐럴송과 산타클로스의 모습으로 분장하고 천사의 날개를 단 모습으로, 어린이들과 사진도 찍고, 캐럴 송으로 공연하는 모습을 보면서 일주일 동안의 마치 여왕이 된 듯한 여정의 종지부를 찍으며 소중한 추억의 한 편으로 남게 되었다.

제 2 부

향기로운 삶

나의 보물

의기양양하던 청마의 해가 미련 없이 가버리고 나니 청양의 해 을미년이 우리들의 곁으로 살며시 찾아왔다. 양의 해에는 뜻한 바대로 잘 이루어진다는 속담 같은 얘기도 있어 작년에 못다 이루었던 일들을 올해는 이루어지려나 하는 기대감으로 다시 한 번 속아보자는 마음이 드는 건 이 나이에도 아직 마음을 비우지 못한 탓일까? 깊고도 깊은 잿빛 겨울이 점점 침잠沈潛해 들어가는 이즈음이다.

며칠 전 시누이 딸, 조카의 결혼식이 있어 서울에서 가장 부자들이 사는 강남의 리츠칼톤 호텔에, 시누이 아들의 결혼식이 있던 작년에 이어 두 번째 다녀오게 되었다.

이곳 호텔 결혼식은 예식비용이 만만찮게 드는 만큼 예식 시간을 많이 할애해 주는 것 같다. 웨딩드레스를 입고 마치 red카펫을 밟고 들어오는 영화배우처럼 멋진 행진으로 두 번째 인사를 하기 위해 들어오고 있었다. 역시 서울 강남 호텔의 결혼식은 품위도 있고 멋지게 진행이 되고 있다. 나에게도 제2의 고향격인 서울에서 결혼 후 12년 정도 나의 보물인 두 아들이 사립초등학교에 다니다가 부산으로 내려오게 되었다. 큰아들이 다시 서울의 대기업에 취직을 하게 되면서 서울 나들이가 잦게 되었다.

나에게는 보물이 두 개가 있다. 하나는 나의 장남이고 두 번째는 나의 차남이다. 얼마 전 외국의 지사에 근무하다 돌아온 나의 큰아들은 불과 한 달 사이에 작년과 올해가 되어버린 작년

11월 말일에 계간 청옥문학 특집대담을 위해 내가 서울에 갔을 때 다른 분들은 타고 온 차로 내려갔지만 나는 아들이 있는 서울에서 하룻밤을 자게 되었다. 다음날에 큰아들 내외가 백화점에 가자고 조른다.

"백화점에 가면 쓸데없는 것 자꾸 사게 되는 데 뭐 하러 낭비를 하느냐."고 하니 아들은 "저녁에 KTX로 가시면 되니 낮에 쇼핑을 하자."고 한다. 큰아들 내외의 권유에 못 이겨 쇼핑을 하게 되었다.

코트를 하나만 사면 될 텐데, 두 벌씩이나 사면서 "흰색 코트는 외출할 때 입고 하늘색 코트는 가까운 거리에 나가실 때 입도록 하세요."하면서 파란 코트에 어울리는 값비싼 머플러를 큰며느리가 빠른 동작으로 구입을 해서 목에 걸어 주었다. 요즈음은 대기업에서도 경기가 좋지 않아 성과급도 작게 나왔을 텐데, 내심 고맙기도 하고 걱정도 되었다.

두 번째 조카 결혼식에 왔을 때에는 고급 부츠를 사주어 큰아들 덕분에서 서울멋쟁이가 나도 모르게 되어 있지 않은가. 막내인 차남은 박봉의 검찰공무원 생활을 하지만 서울 올 때마다 KTX차표와 은행에 근무하는 막내며느리는 용돈을 주곤 한다. 그리고 매달 생활비를 두 아들이 통장으로 입금을 해주고 있다. 아들에게서 받고 있는 생활비가 왠지 마음에 자꾸 걸리기만 한다. '두 아들에게 부모가 짐이 되면 어쩌나' 하는 걱정이 자꾸 앞서는 건 왜인지 모르겠다.

정치인 중에 가장 많은 명언을 남긴 '철의 여인' 영국의 대처 전 총리는 삶의 태도와 관련 "생각을 조심해라, 말이 된다. 말을 조심해라, 행동이 된다. 행동을 조심해라, 습관이 된다. 습관을 조심해라, 성격이 된다. 성격을 조심해라, 운명이 된다. 우리는 생각하는 대로 된다."고 했다.

대처 전 총리가 아버지로부터 받은 교훈이라고 한다. 좋은 성격이 좋은 운명이 되고 생각하는 대로 된다고 하는 교훈을 다시 한 번 되새겨보면서 청양의 을미년부터는 긍정적인 마인드를 가져야겠다고 다짐을 해보면서 나 자신을 세상을 다 가진 것처럼 행복한 사람 중의 하나라고 생각해 보면서 두 개의 보물을 가지고 있는 나는 비록 부자는 아니지만 생각하는 대로 될 수 있도록 마음만은 항상 부자라고 새삼 다짐을 해보았다.

늦은 귀가

서예학원에서 습작이 끝날 즈음 남편께서 외식하자는 제의를 한다.이웃에 사는 가깝게 지내는 부부와 함께 소식가에 미식가인 남편께서 아귀찜의 맛 집을 찾아 일광 학리 구석진 이곳으로 오게 되었다.

요즈음은 금요일이 주말의 시작인지 외지고 구석진 이곳까지 많은 사람들이 북적대면서 저마다의 식탐들을 즐기고 있다. 고즈넉한 밤바다의 조명들이 저마다의 오색찬란한 빛을 내며 자태를 뽐내고 있다. 아름다운 밤바다를 바라보는 일행의 눈빛이 곱기도 하다.

그 옛날 젊음의 추억을 불러일으키는 헤즐럿 커피 향에 취해보고 아름다운 밤바다에 취해 오늘 마치 지구가 끝날 것처럼 3차까지 계속 자리를 옮겨가며 추억여행을 해보았다. 곡주란 미묘한 음식이기도 하다. 곡차를 잘 먹지 못하는 나는 술 한 잔이 얼큰히 돌고 나면 진솔해지는 그 마음이 신기해지기도 한다. 그동안 취미생활에 빠져 바깥 외출이 잦은 나에게 대한 스트레스 불만들 모두 한 잔의 술로 해소되었으면 하는 바람이 담긴 시간이었으면 했다.

그동안 나만의 취미생활만을 위해 지내온 이기적인 나였기에 남편의 황폐해져가는 마음 읽지 못한 내 잘못에 대한 반성을 하면서 배려하는 마음 읽지 못하고 나만의 일에만 몰두해온 나 자신에게 죄스러운 마음 추슬러 본다. 처음엔 사람이 술을 먹지만 술이 술을 먹고 나중엔 술이 사람을 먹는다고 했던가, 새벽 1시가 넘은 늦은 귀가를 하였다. 며칠 남지 않은 아들의 합격기원을 위한 금강경독송과 참법기도 발원독송을 기원하고, 새벽 2시를 알리는 종소리를 들으며 잠을 청했다.

자원봉사 하는 날

바쁜 일상이지만 기어코 오늘은 시간을 내어 금련자원봉사단의 일원으로 봉사를 하러 가기로 했다.

청청하게 흐르는 강을 지나 스산한 풀숲을 따라 이따금 낮은 꽃들이 저마다의 향기를 날리고 있고, 곳곳에선 낙엽 떨어지는 소리가 들리는 이곳… 노인, 치매노인들이 거주하는 보현행원으로 금련자원봉사단인 우리는 건강할 때 남을 위해 봉사해야겠다는 마음으로 기꺼이 시간을 내었다. 각 방을 다니면서, 방청소와 화장실청소, 휴게실 청소 그리고 노인들 목욕도 시키고, 머리손질까지 해드리고 나니, 몸은 비록 힘들었지만 마음은 날아갈 듯하다. 하루 시간을 내어 노인들을 위해 봉사했다는 뿌듯함이 느껴져 온다. 이곳은 각 사찰의 봉사팀들이 자원봉사를 하기 위해 많이 오는 곳이기도 하다.

이곳에 와서 보면 봉사 할 일이 태산이다. 세탁실은 그야말로 거대한 대형세탁기로 가득차고 그 옆엔 노인들의 목욕실이 있다. 빨래 너는 곳도, 무한정 널 수 있도록 되어있다.

그 많은 빨래를 널고 나면, 팔이 뻐근할 정도이다. 어떤 할머니는 손녀한테 하는 것처럼, 손을 꼬옥 잡아 주시는 분 그리고 악수를 청하시는 할머니, 얼굴을 쓰다듬어 주시는 분, 어떤 분은 고래고래 소리를 지르시는 분도 계시다. 금련자원 봉사단은 청소를 담당했다. 내가 맡은 방 할머니는 자신의 방에 들어오는 게 싫으신 듯, "왜 자꾸 방을 몇 번씩 닦느냐?"고 호통을 치신다. 그러다 그곳 사회복지사가 나타나면, "그래 깨끗이 닦아주어.” 그러신다. 마치 애기 같으신 할머니이시다.

이곳에 계신 분들은 복 받았다는 느낌을 받았다. 깨끗한 위생시설과 노인을 위한 복지환경이 잘 되어 있다. 할아버지, 할머니들을 위한 프로그램이 매일 다르다. 오늘은 그림 그리는 날인가 보다.

할아버지, 할머니를 위해 함께 이야기하고 목욕시키고, 머리도 빗겨드리고, 청소를 하는 뿌듯함을 느끼는 보람된 날이 되었다.

홀로 서기

모처럼 느긋한 주말이라 컴작업*도 하면서 밀린 집안일도 해야겠다고 생각을 하면서 늦은 아침 식사를 할 즈음에 전화벨이 울린다. 남편은 철마에 메기매운탕 먹으러 가자고 하지만 상대방에선 자기 집으로 오라고 하는 대화 내용 같다.

얼마 전에 가야에서 다대포로 이사했다며 점심을 자기 집에서 먹자고 초대를 하였다. 우리 집에서 다대포는 자가용으로 1시간 정도 소요되는 거리이다.

내비게이션을 맞추어 놓고 한참을 달리다보니 롯데 캐슬이라는 병풍처럼 둘러싸인 대단지 아파트가 우리를 반기고 있는 듯하였다. 남편친구는 바닷가에 가서 회를 사 가지고 와서 여자들은 바깥에 나오면 쉬어야 한다면서 남자들의 요리 솜씨 맛보라고 맛있게 매운탕도 끓여 열심히 솜씨 발휘를 하였다.

남편 친구의 부인은 예전에 뇌졸중으로 쓰러져 정신은 멀쩡하지만 몸이 말을 듣지 않아 걸음을 겨우 걸을 정도의 환자 신세이다. 남편 친구는 화장실 가는 것부터 시작해서 목욕까지 부인을 위해 정성껏 봉사하는 모습에서 모범 남편의 표본을 보여주는 듯하였다. 부인의 몸이 병으로 인해 온전치 못하니, 불편 한 점이 한두 가지가 아니겠지만 부인을 위해 친구 부부도 초청하여 맛있는 식사초대를 하는 모습을 보면서 아름다운 부부애를 느껴보았다. 저분의 사는 모습을 보며 우리 부부는 아직은 건강하니 참으로 복을 많이 받았다고 느껴졌다. 돈이 아무리 많아도 몸이 병들어 버리면 다 소용없고 부질없는 짓이지 않을까? 언제 어떻게 될지 뒷날을 장담할 수가 없기에, 이 세상의 남편들은 모두 다 홀로서기를 해야 할 것 같다.

이 시대 우리나라 50~60대 세대를 샌드위치 세대라고 누가 그랬던가. 마지막으로 효도하고 처음으로 효도 받지 못하는 비운의 세대라고 말이다. 한 치 앞을 내다볼 수없는 게 우리네 인생사가 아니겠는가.

건강한 삶을 위해 운동은 빠지지 말고 해야겠다고 다짐을 해 보았다. 남편친구 응접실에서 바깥의 전경을 바라보니, 바다가 한눈에 보이면서 바다 위에 크나큰 배들이 정박해 있고 끝없는 수평선에 시선이 고정되어 절로 시 한수 읊조려 보았다. 내가 사는 아파트도 얼마 전까지만 해도 광안리 바다 수평선이 아스라이 보였는데, 이젠 대단위 아파트가 들어와 시야를 완전히 가려 버렸다. 친구 부부와 우리 부부는 바닷가 펜션 같은 아파트에서 나와 잠시 드라이브를 하고 근처 야산에서 자리를 깔고 가져온 과일을 먹으며 행복감에 취해 보는 시간을 가져보았다.

은빛 은어 떼 같이 잔잔한 물결이 호수처럼 흐르고 에메랄드빛 하늘이 열려, 세월 따라 강물 따라 낙동강은 유유자적하게 흘러가고 있었다.

*컴작업: Computer로 문서작성이나 internet 상으로 정보교환을 하는 작업.

향기로운 삶

"홍화虹嬅 보살님 서예 습작용 화선지 보내 드렸습니다."라고 하는 연락을 받고, 뭐라고 감사를 드려야 할지. 보내주신 성의를 생각하니, 송구스럽기 그지없다. "복 많이 받으시고 부디 성불 하십시오." 라는 말밖에 달리 해 드릴 수 있는 방법이 없었다. 홍화虹嬅는 내 아호이기도 하다. 그동안 '홍빛시동행' 을 위해 서예 작품을 무상으로 보시해주신 거송 서화원 원장님에게 감사의 마음을 전하기 위해 식사대접을 홍빛 운영진들과 함께 했다. 홍빛시동행 회원께서 서예작품 신청하시면 바쁜 일을 뒤로 접어두고 이 우체국에서 저 우체국으로 나름대로 열심히 뛰었다. 하지만 받지 못했다고 하는 회원님은 두 번, 세 번까지 보내 드리기도 했다. 그것도 자그마치 다섯 작품을 두 번 보내는 동안 못 받았다는 연락을 받았을 땐 난감하기도 했지만 다시 세 번째에 "잘 받았습니다. 정말 고맙습니다."고 하였을 때는 큰 보람을 느끼며 안도의 한숨을 쉬기도 하였다. 우리네 삶은 '시한부 인생' 이다. 언젠가는 이 세상을 떠나야만 한다. 그날까지 자기가 가진 것을 얼마나 의미 있고 가치 있게 나누며 사느냐가 중요하다. 시간, 재능, 마음을 나누는 것도 큰 자비실천이다. 록펠러는 암에 걸려 시한부 인생을 통고받았다고 한다. 록펠러의 어머니가 아들에게 "아들아 곧 세상을 떠날 텐데 마음껏 자선사업이나 하고 가렴." 했더니 그때부터 록펠러는 자선사업을 시작했다고 한다. 가난한 사람들에게 돈을 아낌없이 주니 가슴이 확 트이고 마냥 행복해져서 의사의 선고에도 불구하고 40년이

나 더 살았다고 한다.

저희 친정아버지께서 "이젠 나도 갈 날이 멀지 않았다."는 말씀을 곧 잘 하셨다. 지금은 저 세상으로 가시고 안 계시지만, "이제 이 해가 다 가고 나면 나는 저 머나먼 곳으로 갈 것이다."라며 마치 죽음을 달관하신 것처럼 말씀을 하신다. 인생무상이다人生無常. 우리가 없어진 다음에는 그 자리에는 자손들이 각자의 제 몫을 다 하면서 살아가겠지.

어젠 YWCA 창립 60주년이라고 한다. 동생이 그곳 임원과 합창단 소속이 되어있기에 디너쇼 초대를 받았다. 어머니와 함께 롯데크리스탈 볼륨으로 갔다. 내빈 소개와 함께 YWCA 여기까지 걸어온 발자취를 스크린으로 보여 주었다. 예배를 한 시간 정도 본 다음 축하 케이크 절단을 하고 저녁 식사 메뉴로 스테이크를 먹을 즈음 교향악단의 '밤안개의 데이트'와 '에레스투'가 연주되고 곧이어 노사연 · 이무송의 공연이 시작되었다. 노사연 왈 '내가 이렇게 예쁘게 된건 순전히 남편 이무송씨 덕분'이라며 남편이 '예쁘고 멋진 몸매라'며 자기를 택해 주었기 때문이라고 하는 금슬 좋은 부부가수의 다정한 모습을 보았다. 노사연의 노래와 이무송의 노래 마지막으로 YWCA 합창단과 무대에서 함께 어우러져 만남을 끝으로 창립기념행사의 막은 내려졌다. 그동안 불교행사에서 찬불공양을 많이 했지만 어제는 참관인 자격으로 기독교의 또 다른 세상의 시간을 가져보았다. 자신만의 종교를 가진다는 건 삶을 즐겁게, 마음을 정화 시키며 향기로운 삶을 사는 것이라고 나름대로 정의를 내려 보았다.

우리 집 금자동이

우리 집엔 먹돌이가 있다. 새 식구가 된 지는 얼마 되지 않았지만 식탐이 여간 많은 게 아니다. 먹을 것만 달라고 쫄쫄 따라다닌다. 그러던 금동이가 오늘 저녁엔 계속 토하기만 한다. 뭘 잘못 먹은 걸까? 기운이 하나도 없어 보인다. 내가 준 바나나를 먹어서일까 병원에 문의를 해 보았더니 강아지는 흙을 잘 먹는다고 한다. 아마 화분에 있는 흙과 돌을 주워 먹었나보다.

그 성분이 맞지 않아 토하는 거라고 하는 수의사 얘기에 일단 안심은 되었다. 금동이는 참 영리하기도 하다. 우리 집 식구의 발자국 소리를 다 알고 있다. 누가 제일 먼저 들어오는지 귀 기울이고 있다가 제일 먼저 반기는 게 우리 금동이 이다.

현관 바깥의 발자국 소리에 벌써 짖고 있다. 먹돌이 금동이 이지만 먹을 것보다 우리 집 식구들 들어오는 데 더 관심이 많은 듯하다.

그리고 식구의 일거수일투족 지켜보고 참견을 해야 한다. 우리 집 세 식구를 지켜보아야만 직성이 풀리나보다. 컴 작업하는 내 발밑에 있을 때도 거실에 있는 아빠와 아들 또한 유심히 지켜보고 있다.

식구들이 나갔다 들어오면 양말부터 물어다 놓는다. 그리곤 바짓가랑이를 물고는 놓질 않는다. 먹성이 좋은 금동이는 비만인 것 같아 어제부터는 운동을 시키고 있다.

서울 큰아들 집에 있던 금동이가 아들이 회사에 출근하고 나면 하루 온 종일 혼자서 집을 지켜야 하기에 우울증 걸릴 것 같아 서울에서 데려왔다.

똥오줌도 곧잘 가리는 아주 영리한 우리 집 금자동이이다. 이 글을 쓰고 있는 내 발 옆에서 대한민국에서 가장 편한 자세로 쿨쿨 코까지 골면서 자고 있다.

우리 집의 귀요미 금자동아!

첫 인상

내가 문학회에 등단한 지도 어언 십 년이 되었다. 설레는 마음으로 집을 나섰다.

내가 낙동강문학과 한국시민문학협회에 수필로 등단을 하고 오늘은 첫 정기월례회가 있는 날이다. 이 나이가 되도록 시와 수필 쪽으로 전혀 신경을 쓰질 않아서였을까? 인연이란 우연이기도 하지만 필연 쪽이 아닐까하는 생각을 해보면서 불교전법을 위해 인터넷을 접하게 되고, 불교카페 운영자 일을 하면서 한 번씩 올리기 시작한 글이, 함께 불교 경전 공부한 도반이 기도 하지만 시와 수필에선 제 스승이기도한 지인의 권유로 수필에 등단을 하게 되는 기쁨을 만끽하게 되었다. 지인에게 지면을 통해 깊은 감사의 마음을 드리고 싶다. 역시 시인들의 모임이어서인지 명쾌한 사회와 토론에 열정이 대단하다. 이제 갓 시작한 문학회여서인지 패기만만이다. 매달 신인들의 작품을 엄격한 심사를 통해 뽑기로 한 것과 정기월례회 모임은 매달 해야 한다고 강조를 한다. 신인등단 한 시인의 시 낭송회를 가졌고, 나름대로 연습을 해 보았지만 처음이라 많이 긴장이 되었는지 제대로 마음먹은 것처럼 되지 않았다. 저녁 식사를 한 다음 2차로 노래방에 갔다. 시인이어서인지 노래를 곧 잘 불렀다. 더욱이 내가 좋아하는 old pop을 곧잘 불렀다. 내가 좋아하는 곡이기도 하지만, 노래를 좋아하는 난 질세라 열심히 불러 보았다.

첫인상의 분위기와 느낌이 참 좋은 모임이라 여겨졌다.

다음 만남의 날을 기약하면서 헤어져야만 했다.

삶이란?

삶이란 무엇일까? 인터넷 사이버 카페에서 좋은 글을 접하면서 나의 삶을 한 번 반추해보는 계기를 가졌다. 살아온 날보다 앞으로 살아갈 날들이 적어지고 시간은 화살 같이 빠르기만하다. 나이가 들수록 더욱 빠른 속도로 질주하고 있다고 생각 된다.

삶, 그것 별것 아니라고 생각할 수도 있을 것이다.

불교의 윤회론에 대해서 한 번 생각해보자!

내가 다시 이 세상에 올 수 있는지?

언젠가 스님께서 "이 사바세계에 다시 오고 싶은 분 손 한 번 들어보라."고 하셨다. 세존사의 명예회장님께 물으신다.

"이 세상에 다시 오고 싶으십니까? "

하지만 대답은 예상 외로 "아니요" 라고 말씀을 하신다. 아주 부유하시고 남부러울 것 없이 사시는 분이기에 의외의 대답이었다. 세존사 주지 스님께서 늘 하시는 말씀이기도 하지만, "신도님, 사바세계에 오시지 말고 열심히 닦고 정진하여 모두 서방정토 극락세계로 가십시오."라는 말씀을 하신다. 그렇다. 지금부터 극락가는 연습을 해 보는 거다. 마음을 청정히 하고 고운 마음, 그리고 고운 말씨를 쓰기로 하자. 그리고 남에게 도움을 주는 사람이 되는 것이다. 나보다 어려운 사람에게 조금이나마 도움이 되는 그런 일을 하나씩 해 보자.

하나부터 시작 하자! 이렇게 시작한 것이 독거노인 요양소 보현행원에서 자원봉사를 약 4년 동안을 하게 되었다.

삶이란! 내 스스로가 만든다는 정의를 내려 보았다.

일체유심조一體唯心調, 세상만사 마음먹기 달렸다고 하지 않는가. 따뜻한 말 한마디는 언제나 남을 위해 배려하고, 선업을 짓는다고 생각한다.

보현행원 경로 잔칫날

금련자원봉사단의 이름을 걸고, 보현행원 독거노인을 위해 자원봉사를 매달 다녀왔다. 자원봉사란 남들이 모르게 해야 하는 선행이어서 금련자원봉사단 우리 일행은 무언의 약속이라도 한 듯 이심전심으로 노인의 날 보현행원 경로잔치에 참여하기로 하였다. 어르신들의 점심 식사 후 1부 행사의 개회선언을 시작으로 보현행원 원장님 및 내빈소개와 봉사단 팀소개와 경로헌장낭독 1부 순서가 끝이 나고 2부 행사로 고전무용, 노들강변과 부채춤 판소리에 이어 사물놀이패의 한판이 어우러지고, 곧이어 청 · 홍 팀으로 나누어져 낚시게임과 줄 밟지 않고 모두 함께 뛰어넘어야 하는 줄넘기게임, 이어서 릴레이게임이 이어졌다. 실로 오랜만에 뛰어보는 달리기였지만 마음처럼 쉽게 뛰어지지가 않았다. 발은 왜 그리 무거운지 마음 같아서는 후다닥 뛰어갈 수 있을 것 같은데, 몸이 따라주질 않는다. 우리 청팀이 배턴터치 때 막대기를 떨어뜨려 릴레이는 지고 말았다. 마지막으로 오자미로 공 먼저 터트리기 게임에서 승부는 결정이 났다. 우리 청팀의 승리로 끝이 나고 할아버지, 할머니께서 즐거워하면서 어깨춤을 추는 모습을 뒤로 한 채, 우리는 아쉬운 작별의 정을 나누어야만 했다. 지금은 계시지 않지만 시어머님과 살아계신 친정어머니도 함께 참여를 하였으면 얼마나 즐거운 시간이 되었을까 하는 생각을 해보면서 여기 계신 독거노인들에 비하면 나의 부모님은 자식에게 효도를 받고 있으니 행복한 분이지 않을까! 다음 자원봉사를 기약하면서….

노숙자 봉이

봉이의 아침 식사 시간은 아마 오전 10시 정도 인가보다. 이 시간이면 영락없이 '야옹 야옹 주인님 밥 좀 주세요' 하면서 우리 집 앞에서 기다리고 있다. 고양이 봉이는 머나먼 러시아에서, 한국까지 왔다고 한다. 어떤 인연으로 이곳 한국까지 오게 되었는지는 모르겠지만 그 주인이 서울로 이사를 가게 되면서 데려갈 형편이 되지 못하여 APT 주위 분들에게 잘 좀 부탁한다고 하면서, 이사를 가 버렸나 보다. 그 뒤부터 봉이는 영락없는 떠돌이 노숙자 신세가 되어버렸다. 그런데 근래에는 보이지 않아 궁금하여 지하실로 찾아가 보았더니 예쁜 세 마리의 새끼들과 오순도순 모여 앉아 있다. 러시아산 봉이는 예쁘게도 생겼다. 그런데 봉이 새끼들은 까만 모습을 하고 있었다. 아마 이 동네 도둑고양이가 아빠인 듯하다. 새끼가 생긴 봉이는 사람들이 접근하면 과민 반응을 보이기도 한다. 행여 새끼들이 다치기라도 할까 봐 보통 신경을 곤두세우는 게 아니다.

하루는 온종일 사방을 어슬렁어슬렁 거리며 뭔가를 찾아 헤매고 있다. 이상해서 지하에 내려 가 보았더니 새끼 세 마리 중의 한 마리가 보이질 않는다. 한 마리의 새끼를 찾기 위해, 며칠 동안 밥도 먹지 않고 있다. 결국 한 마리의 새끼는 찾지 못하고, 두 마리의 새끼만 남았는데 며칠 전에는 두 마리 중 한 마리의 새끼가 또 보이질 않는다. 주위 분들 얘기로는 굶어서 죽었다고 한다. 먹는 걸 자꾸 챙겨 주면 고양이들이 들끓어서 안 된다고, 반상회에서 거론이 되고 있기 때문이다. 그 뒤부터 APT 청소하는 아주머니께서 '밥을 주고 싶어도 주지 못한다' 고 한다. 현관문만 나서면 이젠 봉이가 먼저 마중 나와 앉아있다. 나의 남편은 유달리 동물을 좋아한다. 결혼하고 서울에서 신접살림할 때부터 온갖 족보 있는 개들을 키웠다.

어떤 때에는 곰 같이 무지하게 큰 개를 데려와서 동물 우리를 크게 만들어 놓고 밥을 한 솥 만들어 주곤 하였다. 내시라고 불렀던, 이 셰퍼드는 아주 영리하다. 장바구니를 입에 물고 시장까지 따라 나선다. 그리곤 시장 입구에 오자, 장바구니를 내려놓는다. 이렇게 시장까지 따라다니는 영리한 개였는데, 누가 탐을 내었는지, 아침에 일어나보니 흔적도 없이 사라져 버렸다. 그리고 영국사냥개 이었던 개도 키웠는데 옥상까지 줄곧 달리곤 하는 동작이 아주 민첩한 개였는데 하루는 남편이 목욕시키고 빠르게 몸을 말리기 위해 연탄불을 피워두고는 두 살짜리 아들이 감기에 걸려 병원 다녀오는 사이에 깜빡해 버리고, 목욕탕문을 여는 순간 그만 연탄가스에 질식해 쓰러져 있지 않는가. '에효, 이일을 어쩌나!' 마음이 너무 아팠다. 병원에 데려가서 주사 한 대 놓아 주고, 잘 묻어 달라고 하고는 집으로 오는 동안 남편은 눈물을 글썽거린다. 그리고 중국 황실에서만 키운 종류라고 하는 퍼그는, 가격이 비싸기도 했지만, 장난이 무척 심하다. 퍼그가 새끼를 가졌는데, 새끼 놓을 줄을 몰라 병원에 데려가서 제왕절개 수술을 해서 새끼 네 마리를 끄집어내기도 했다. 별난 어미 퍼그는 여기저기 뛰어다니다, 눈을 부딪쳐서 애꾸눈이 되기도 했다. 요즘은 알레르기 체질로 변해버린 나의 체질 때문에 남편이 좋아하는 개를 키우지 못한다.

오늘도 노숙자 봉이는 행여 밥 한 그릇 챙겨 줄까 하고, 집 앞에서 서성거리고 있다. 어찌할까?

나의 두 아들

나의 두 아들 성격은 같은 형제인데도 극과 극이다.

큰아들은 나가기만 하면 아이들에게 맞고 들어오는 것이 예사이다.

울면서 들어오는 큰아이를 보면 안쓰럽고, 속이 상해 '에효 한 번이어도 때리고 들어와 보았으면 얼마나 좋을까' 하며 혼자서 중얼거려도 보았다.

하지만 천성이 너무 착하고 어질기만 한 나의 큰아들과는 반대급부反對給付로 작은아들은 나가기만 하면 남의 아이를 때리고, 유리창을 깨뜨리고, 장독을 깨뜨리기 일 수였다. 날이면 날마다 "성훈이 엄마, 성훈이가 우리 아이를 때렸어요.", "성훈이 엄마 유리창을 깨뜨렸어." 하며 우리 집으로 찾아오는 것이었다.

정말 난감했다. 어떤 때에는 방 안으로 숨어버리기도 했다.

유리창 값을 물려주어도 왠지 하나도 아깝지가 않았다. 큰아이가 당하던 것을 작은 아이가 되갚아주는 듯하여 내심 흐뭇한 생각을 가지니, 내가 너무 이기적이지 않은가 하면서 반성을 해보기도 했다.

결혼생활을 한 지도 벌써 강산이 네 번 변하고 다섯 번 변하려고 한다.

늘 좋은 일만 있을 수는 없고, 그렇다고 늘 괴로운 일만 있을 수 없는 것이 세상의 이치이던가.

이렇게 수많은 세월이 흐르는 동안 이루어 놓은 것이라고는 자식농사 잘 지은 것 밖에 달리 내세울 게 없는 것 같다. 큰아들은 대기업 차장으로 우리나라의 선박과 자동차 수출을 세계 곳곳으로, 우리나라 산업 역군으로서 한몫을 단단히 하고 있다. 얼마 전에 MBC방송국 '당신이 국가대표' 입니다 프로에 카자흐스탄 지사까지 와서 취재를 하면서 TV에 방영이 되기도 하였다.

작은아들은 검찰 공무원으로 좋은 성적으로 입사하여 대검찰청장상도 받기도하면서 맡은바 직무를 충실히 하고 있다.

나의 두 아들은 이제 부모가 자신들에게 베풀었던 일에 이제 다시 역으로 부모에게 효도로 보답하고 있다. 작은아들이 큰아들보다 먼저 결혼의 결실을 이루었고 다음 해에 큰아들이 카자흐스탄에서 아들의 비즈니스 통역을 담당하던 러시아 아가씨와 결혼의 결실을 보게 되었다.

큰아들은 이제까지 외국생활 8년 하면서 작년에 본사가 서울에 있는 한국으로 발령을 받아 귀국을 하였다. 며칠 있으면 그동안 함께 하지 못했던 설, 추석명절을 가족과 함께 보내려고 부산으로 내려온다고 한다. 두 아들 내외가 좋아하는 고기와 설 음식을 준비하기 위해 벌써 마음부터 분주해 지고 있다.

8시간 귀경길 교통전쟁을 뚫고 집에 와서는 골아 떨어져 버렸다. 내려오기 전날에 큰며느리는 "어머니 많이 보고 싶어요. 사랑해요." 예의 인사를 한 다음 "어머니 부산에 내려가면 저와 함께 네일아트 받아요." 그런다. 나는 예사로 듣고 "그래, 그러자 꾸나." 하고는 잊어버리고 있었는데, 명절날 제사를 모시고 난 후에 큰아들 내외는 광복동에 네일아트 예약을 해두었다면서 시간 맞추어 가야한다고 한다. 부평동 깡통시장에서 필요한 것 이것, 저것 산 다음, 네일아트에서 어머니 혼자 네일아트를 하라고 하면서 "나는 서울에서 했습니다." 하면서 뒤에서 기다리고 있다. 손과 발마사지 한 다음 예쁜 매니큐어를 바르고 나니, 손과 발이 반짝반짝 빛이 난다.

네일아트에서 기다리는 동안에 큰아들은 아버지의 핸드폰을 크고, 최신형으로 사가지고 왔다. 참으로 효성이 지극한 나의 큰아들 내외이다.

오늘 저녁은 작은아들내외와 모두 함께 회를 먹으러 가자는 제의를 한다.

칠암에서 온갖 산해진미의 회를 먹고, 달맞이고개 언덕위의 집에서 각각 자신이 좋아하는 차를 시켜 화기애애한 가족의 정을 느끼는 날이 되었다.

자식들 때문에 부처가 된다고 했던가.

큰아들부부와 작은아들부부가 아들, 딸 낳아 알콩달콩 깨가 쏟아지게 잘 살아갈 것을 기대하면서, 멋진 미래를 위해 오늘도 내일도 부처님께 발원 드린다.

제 3 부

다향茶香을 찾아서

어머니의 손뜨개

우리 집 수세미는 예술이다. 빨, 주, 노, 초, 파, 남, 보 무지개 색으로 대롱대롱 매달려 날 봐 달라는 듯 시위를 한다. 온 집 안 구석구석 어머니의 정성이 담긴 손뜨개가 보란 듯이 이곳저곳에서 빛을 발하고 있다. 겨울이면 목도리와 모자 주문을 여기저기서 받아 바쁜 일상을 보내신다.

엄동설한 매서운 한파에도 목도리를 하면 감기도 피해간다. 목을 우선 따뜻하게 해 주니 목감기가 잘 오질 않는다. 발 닦기에도 온갖 동물 모양을 만드니 예술이 따로 없는 듯하다. 어머니는 예전부터 손재주가 남다르셨다. 나의 학창시절에도 털실로 스웨터를 떠 주셔서 항상 입고 다닌 기억이 생생하다. 철없던 그 시절에는 세상에서 가장 귀한 손뜨개의 귀함을 모르고 스웨터를 입으니 몸이 뚱뚱해 보이는 것 같아 잘 입으려고 하지 않았다.

어머니의 형제는 자그마치 9남매이다.

9남매의 맏딸인 어머니는 부모님의 손이 미쳐 가지 않는 빨래며 온갖 잡다한 일은 장녀인 어머니의 차례가 되었다. 틈만 나면 손뜨개로 동생들의 옷을 떠 입혔다고 하신다. 갈수록 어머니의 손뜨개는 발전에 발전을 거듭해 이제는 가방까지 예술품을 만들어 낸다. 어머니가 뜨신 손가방을 모임에 들고 나갔더니, 친구들이 모두 주문을 하였다. 너희 어머니가 뜨신 가방은 '명품' 이라면서 말이다. 친구들의 주문에 이어 청옥문학회 시인께서도 주문을 하면서 선불을 계좌로 입금해 주었다. 팔순 노모의 그 연세에도 안경도 끼지도 않고 앉으나 서나 손뜨개에 혼신의 열정을 바치신다.

나의 친정은 모태신앙(부모님 때부터 믿은 신앙)으로 4남매인 우리 형제는 아들 한 명에 딸이 세 명인데 어머니는 '남의 자식과 절대 바꾸지 않겠다'는 말씀을 곧잘 하신다. 4남매 중에 내가 장녀이고 바로 밑에 둘째 여동생은 남편이 의사이고 막내부부는 초등학교 교사이고 아들은 목사이다. 그러니까 불자인 나만 빼고 모두 교인인 셈이다. 목사 한 명에 권사가 두 명이다. 그리고 모두 효자, 효녀이다. 늘 어머니의 건강 걱정에 용돈이 혹 모자랄까봐 매달 은행으로 모아서 입금을 해 드리고 있다. 처녀시절에 어머니는 손재주가 많은 얼마 전에 미국에서 다녀간 친구를 많이 부러워했는데 지금 보니 '내가 더 났다'는 말씀을 하신다. "노후에 용돈을 벌 수 있다는 게 얼마나 다행이고 좋은지 모르겠다." 피곤해 하면 그건 노동이지만 취미라고 생각하고 손뜨개를 하시니 작품을 만들어 내는 속도 또한 빠르기도 하시다.

하지만 "몸 생각해서 쉬어 가면서 하세요."라며 예전에는 어머니가 나를 걱정했지만 이제는 내가 어머니를 노파심으로 걱정을 하고 있다.

"어머니 뜨개질 하시는 그 열정으로 오래오래 100살까지 사세요."

거송 원장님 49재일

“서화를 하는 일이 결코 쉬운 일이 아니었고, 이렇게 힘들지 않았으면 결코 도전을 하지 않았을 것이다.”라는 말씀을 곧 잘 하시던 나의 서화 스승이신 거송 원장 선생님의 마지막 재일이다.

부산에서 언양까지 내비게이션을 찍어 양덕사까지 재식시간에 맞추어 내쳐 달렸다.

산수유, 개나리, 매화꽃, 복사꽃이 눈앞에 스쳐 지나가는 올해의 봄은 꽃샘추위가 유난히 오래가더니 오늘은 따뜻한 봄날의 진면목을 여실히 보여 주고 있다. 언양 쪽으로 굽이돌아 들어가니 아담한 사찰이 눈앞에 들어왔다.

관세음보살을 주불로 하고 있는 천태종 언양 양덕사 막재일은 마치 수륙재를 하는 것처럼 3시간이라는 긴 시간 동안 바라춤과 연꽃 춤 그리고 범패와 법고를 치며 축원이 이어졌고, 재식에 참여한 모든 분들에게 한글 번역 지장경을 독송하라고 하였다. 마지막으로 가는 길에 노자 돈을 반야용선에 넣어드렸고, 일곱 분 스님들의 지극정성 기도로 분명 극락왕생하셨을 것 같다.

우리 일행은 점심공양을 하고 이곳 양덕사 가까운 곳에 있는 원장님의 산소에 가서 참배를 하였다. 돌아가신 서예 스승이신 거송 원장님의 재일을 기리면서, 잠시 생각에 잠겨보았다. 내가 서예학원에 다닌 지도 어언 10여 년이란 세월이 흘러갔다.

원장 선생님의 형님은 교장 선생님으로 퇴직을 하시면서 삼광

사에서 법사 자격증을 받으셨다. 그래서 일까? 목탁과 염불을 곧잘 하셨다.

오늘 모인 형제자매 친척들이 거송묵회 회원인 우리에게 고맙다는 인사와 함께 마지막으로 반야심경을 독송하였고 '거송 원장님! 이세상의 모든 업장을 이제 다 놓아버리고 극락왕생하시고 부디 영면하소서!' 라는 말씀을 남기며 다음 만남의 날을 기약하면서 코끝이 시린 알싸한 봄바람을 타고 우리 일행은 부산을 향했다.

우리 인생은 이 세상에 잠시 소풍 왔다 간다고 하는 어느 시인의 시구처럼 참으로 덧없는 인생이다. 가지려고 바둥바둥대지만, 많이 가진 자도 적게 가진 자도 저세상 가는 길에는 아무것도 가져갈 수 없고, 누구와 동행할 수도 없는, 혼자 왔다 혼자 떠나는 나그네 길, 그 길을 우리 모두 가고 있기 때문이다.

가르치는 스승과 가르침을 받는 제자로서 한 공간에서 사군자와 서예습작을 하면서 인생을 논하던 때가 엊그제 같은데, 허망하고 허무하기 그지없다. 사람 사는 게 정말 별것 아닌 것 같다. 재벌이라고 옷 더 입는 것 아니고 한 끼 밥 더 먹는 것, 아니기 때문이다. 저세상으로 가고 나면 모든 게 끝인 것을 다음 생에 거송 원장님과 인연이 된다면 아직 못다 배운 '사군자와 십장생을 더 가르쳐달라' 고 말씀드려야 되지 않을까 싶다.

우리 사찰의 회주 스님께서는 '인생 육십을 넘겨 잠을 자고 일어 날 수 있으면 로또 복권에 당첨되었다' 라고 생각 하라고 하시며 '베풀면서 세상을 잘사는 삶을 살라' 고 하는 말씀을 곧잘 하신다. 우리 인간은 마치 자신이 영원토록 살 것처럼 착각에 빠져 살고 있지는 않은지? 하지만 우리 인생은 시한부이다.

언젠가는 저세상으로 가야 하지만, 그 날이 언제쯤인지를 모르기 때문에 욕심을 내는 것인지도 모르겠다. 부처님께서도 생, 노, 병, 사의 화두에 들어 부처가 되었다고 하지 않았는가. 나이가 들었다는 증거일까? 주위에서 삶을 마감하는 분들이 자꾸 많아지고 있다. 살 만큼 산 다음 자는 잠에 조용히 가면 그건 복중의 최고의 복이라고 저의 시어머니께서 항상 말씀하셨다. 이렇게 잿빛이 무겁게 내리깔린 날엔 괜히 마음이 착잡하다. 살아계셨으면 육십 중반이고, 돌아가셨을 즈음엔 육십을 조금 넘긴 원장 선생님, 시청에서 거송묵회 단체전을 가지려고 예약까지 해두었지만 그 꿈을 결국 이루지 못하고 식도암이 전이된 상태에서 6개월 만에 생을 마감한 서예 스승님의 생이 못 내 안타까웠다. 삼가 고인의 명복을 빌며 부디 극락왕생하시기를 기원 드린다.

꽃비가 내리던 날

꽃비가 하염없이 쏟아지고 있다. 내가 다니는 서예학원 바로 옆 광안대교가 있는 광안리 바닷가쪽에서 해마다 어방 축제와 벚꽃 축제도 곁들여 바자회처럼 며칠씩 열리고 있다.

눈부신 백옥의 꽃물결이 눈송이처럼 내려앉은 하얀 길 위를 걸어가고 있다. 마치 눈꽃 속으로 빨려 들어가고 있는 듯한 느낌이다.

자신의 임무를 다하고 아름다움을 한껏 뽐내고는 추풍낙엽 되어 떨어지고 있다.

한식날이기도한 오늘은, 해마다 그랬듯이, 시아버님 산소에 시댁식구들과 함께 다녀왔다. 지금은 돌아가시고 안계시지만 시어머니께서 아픈 다리를 무릅쓰고 가파른 산소가 있는 곳까지 땀을 흘리시며 힘들게 올라오셨다. 이곳 영락동산은 함경북도 도민회에서 관리하는 곳이어서 이곳의 무덤은 항상 잘 정돈되어있다. 돌아가셔도 고향 분들과 친인척들이 함께 지낼 수 있는 곳이기도하다.

시어머니께선 무덤 옆에서 항상 말씀하셨다.

'이번에는 대충 드시고 며칠 있다 재일에는 잘 차려오겠다' 고 하시는 말씀을 끝으로 시댁식구들과 함께 해마다 산소에 다녀오면서 점심요기를 위해 철마의 밤나무집으로 향했다.

이 집은 조상대대로 내려오면서 밤나무 동산을 가꾸면서 20년 넘게 추어탕 집을 하고 있는 곳이다.

이렇게 외진 곳까지 입소문 듣고 많은 사람이 찾아오는 곳이기도 하다. 오늘은 한우고기 축제가 열리고 있는 밤나무집 근처에 무대를 만들어 한국인들이 좋아하는 old pop을 들려주고 있다. ‘When I dream’, long long time, I owe you 등 내가 좋아하는 pop song을 연이어 들려주고 있다. 마음까지 풍요로워지면서 봄을 만끽하는 시간이 되었다.

어디선가 코끝으로 스며오는 듯한 그윽한 향 내음에 취해 있을 즈음 주문한 추어탕이 나왔다. 시식을 하면서 아름다운 pop song을 감상하면서 먹는 그 맛이 과연 일품이었다.

계절의 여왕 오월

계절의 여왕 오월이다.

나의 아파트 뒤 뜨락에는 라일락 향기가 코끝에 스며오고, 앞뜰에는 장미향이 내 마음을 사로잡는 오월은 계절 중에 가장 으뜸이다.

여기저기에서 산새의 합창 소리는 나의 시상을 떠 올리기 충분하다. 오월은 아름다운 계절만큼이나 연중행사가 가장 많은 달이기도 하다. 부모 노릇 자식 노릇 제대로 할려니, 몸도 마음도 바쁘기 그지없다.

부처님 오신 날 바자회를 하기 위해 미리 시장도 보고, 식혜를 준비하고 부처님 오신 날은 하루 온종일 김밥과 부침개 그리고 식혜를 팔고 남은 돈으로 합창단 단비로 적립을 하면서 조금씩 단비가 불어나는 그 뿌듯함에 보람을 가졌다. 내 것도 아니면서 사명감이란 것이 이렇게 막중한 것인가 보다. 며칠 동안 고생은 되었지만 고생한 보람이 있는 것 같아 피로가 다 풀리는 듯하다. 이렇게 부처님 오신 날이 정신없이 지나고 나니 어버이날이 다음날로 바로 다가와 부모님께 효도의 선물과 꽃바구니를 드리고 나니, 스승의 날이 다가왔다. 내가 적을 두고 있는 사찰의 주지 스님에게 꽃다발과 그동안 합창수업으로 수고 하시는 지휘자 선생님께 조그만 성의를 표하고, 연습을 한 합창곡으로 스승의 날 행사를 조촐하게 치렀다. 그러고 보니 남편의 생일이 바로 다음날이어서 생일상 준비를 위해 부산하게 이리 뛰고 저리 뛰다보니 5월이 어느 새 후다닥 지나가 버린다.

부처님 오신 날이 지나고 나니 백중기도가 다가오고 백중 회향하고 나면 추석준비를 해야 하고, 그러다보면 올 한 해도 어느덧 훌쩍 가버리니 빠른 세월을 그 누가 막을 수 있으랴!

눈 깜짝 하고 나니, 어느 새 하반기로 접어 들어가는 길목에 와 있지 않은가! 하루하루 최선을 다하면서 내실을 다져보자고 다짐을 하면서 아름다운 하모니의 찬불가 합창 속에 빠지다 보니 어느새 세월은 저만치 가고 있다.

총알처럼 빠르게 흐르는 세월은 나를 가만히 놔두질 않는다.

세월의 굴레 속에 나도 모르게 주름은 하나씩 늘어가고 있으니 삶의 훈장이 하나씩 늘어나는 만큼 후회하지 않고' 오늘이 내 생에 마지막 날' 이라는 마음으로 살아간다면 무슨 일인들 못할까 하는 마음을 다져 보았다.

다향茶香을 찾아서

구름 한 점 없는 청옥 빛 향기를 마시며 수목이 우거진 숲을 헤치고 은백색의 도로를 우리 일행을 태운 자가용과 KTX가 나란히 질주하는 모습이 세월이 흘러가는 모습과도 흡사하다.

우리 일행은 茶道 선생님의 초대를 받고 마냥 즐거운 마음과 설레는 마음으로 벌써 마음은 대구에 가 있는 듯하였다. 수성1C에서 茶道 선생님과의 만남은 '홍빛' 정모에서 설레던 기다림을 재현이라도하는 듯 반가운 마음이 앞서기도 한다.

우리 일행은 선생님의 차에 갈아타고 팔공산 자락의 별장 같은 식당에서 멋진 점심대접을 받고 茶道 선생님의 茶道시연회를 가지게 되었다. 오늘의 덕주님께 감사의 마음을 손뼉 치면서 맞이하였다.

오늘이 있기까지 茶道선생님께서 얼마나 많은 노고와 배려를 하였는지 눈에 역력히 보여 고마운 마음에 합장을 드렸다.

백련꽃차는 냉동실에 보관하다 오늘을 위해 가져오셨다고 하면서 매화꽃 잎은 매화 분재의 꽃망울 터트리기 위해 온갖 정성을 기울여 만들어 가져 왔다고 하신다. 다도 시연회를 주선하신 덕주님께선 '나는 말을 많이 하는 것 좋아 하질 않지만 덕주는 처음부터 끝까지 이야기가 끊어지면 안 된다' 고 하시면서 해박한 지식으로 우리들을 위해 39가지의 차를 준비해 오셨다.

1. 산삼 꽃 잎차

비릿하면서 약간 단맛과 떫은맛이 있었다. 마신 후의 각자

茶香에 대한 느낀 점 들을 얘기 나누었다. 수정이는 열이 오르는 걸 느끼게 된다고 한다. 소변 참았다가 봐야 하고, 소변을 볼 때 녹차 정도의 오줌색깔의 나올 정도가 되어야 좋다고 하신다. 두 번째 우려낸 그 맛은 단맛의 특성이 많이 나온다.

2. 홍설차

멍게 맛이 난다고 한다. 이런 차는 충분히 우려내야 하고 빨리 울어난다고 한다. 와인 색의 그 맛은 약간 씁쓰레한 단맛, 떫은맛, 멍게 맛으로 처음에 연하게 해야 뒤에 맛을 느낄 수 있다고 한다. 먹기에 따라 맛이 다르게 나기도 한다고 한다.

3. 55년산 야생 보이차

야생 보이 차는 많이 우러난다고 한다. 55년산 보이차의 맛을 음미해 보았다. 습창 건창 두 가지가 있다고 하였다. 습창은 역겨워 못 마시고 건창은 원두커피 색의 흙냄새와 단맛이 나며 맑았다.

4. 자사우산

건창은 원두커피색의 흙냄새와 단맛이 나면서 맑았다.

5. 2006년 보이차

색깔이 연하고 55년산 보이차와는 맛도 하늘과 땅 차이이다. 홍차 맛과 달콤한 맛이다.

6. 2006년 포랑산숙전

떨떠름한 녹차 맛이 난다. 포랑 산 숙전의 찻잔에는 묘한 기운이 흐르는 듯하다.

7. 2분 숙성 동흥산차

보이차는 압축이 되어있지만 동흥산차는 2분간만 숙성 시킨다고 한다. 통풍이 잘 되는 곳에 차는 놔두어야 한다. 한지에 싸서 보관하는 게 제일 좋다. 다반은 대나무로 많이 쓰는데 옥으로 만든 오석이 참 멋지다. 습창에 가까운 지푸라기 같은 흙냄새가 난다. 후각에서 냄새를 맡는 것보다 음미하면서 맛을 봐야 한다.

8. 80년대 맹해타차

전차 타차는 딱딱하게 만들었다. 인위적으로 만들었는데 250g 짜리다.

9. 고수차 잎 500년 교목 경곡봉산 〈복해〉

고목을 고수라고도 한다. 보이차 잎처럼 숙성시킨 그 맛은 고정차의 담백한 맛이다.

10. 70년대 7542 산 차

아주 담백한 맛이다.

11. 80년도 진향전차

떨떠름한 맛과 단맛이 난다. 도자기와 주전자의 종류에 따라 맛이 달라진다. 은주전자는 어머니께서 선물 주셨다고 한다.

13. 고정차

옛날 성 근처에서 부역하던 사람들이 그 당시에 전염병이 나돌았는데 고정고목나무 밑에서 이슬을 받아 마신 사람은 살았고 못 마신 사람들은 전염병으로 모두 죽었다고 한다. 고정차 고목나무 사이에서 나왔던 그 물방울이 고정차이다.

14. 25년 된 보이 차 야생차

짚 풀 냄새가 나는 맛이다.

15. 백련 차

주전자의 끓인 물과 찬물을 우리 일행은 옹기종기 둘러앉아 돌아가면서 다 붓는다. 잎을 돌아가면서 수술이 펼쳐질 때까지 펼친다. 마지막 남은 수술을 펼치니 연밥처럼 보였다.

☆ 백련 꽃차에 띄운 매화 꽃잎을 띄워 마시는 그 향긋한 향취에 우리 일행들은 듬뿍 취해 보았다.

평생을 마셔도 다 못 마실 것 같은 온갖 차들의 향취를 음미해 보면서 오늘을 위해 물심양면으로 정성스런 준비과정을 거쳐 따뜻한 마음을 보여 주시고 홍빛시동행님을 위해 초대 해주신 다도 선생님에게 다시 한 번 감사의 마음을 드리면서 이런 멋진 만남 가지게 해 주신 건 아마도 부처님의 가피가 아닐까 하는 마음으로 합장을 했다.

병술년을 보내며

올해의 마지막 날 제야의 종소리 들으며 병술년을 보내게 되었다. '병술년아 잘 가거라' 올 한해는 나에게 있어서 소중한 일들이 많았다. "홍화님 1차 퇴고하였습니다."라고 하는 전화가 걸려왔다. 드디어 수필로 응모했던 그날이 왔다.응모한 수필이 떨어지면 창피해서 어쩌나 하고 걱정을 하던 참이었다. 2006년은 내 생애 최고의 해가 되게 해 주신 부처님에게 마음의 기도부터 드렸다.

그 다음은 '홍빛시동행' 카페 개설이다. 불자님과 시인님이 주축이 되어있는 '홍빛시동행' 카페 이곳은 삶의 쉼터이며 사랑방이라는 표현이 맞을 것 같다. 이곳에서 소중한 인연을 만나게 되고 사이버에서 비록 얼굴은 보지 못했지만 마음과 마음으로 표현하며 아름다운 마음을 만들며 이제 얼마 있으면 정모도 하게 되고 글 속에서만 보았던 보고 싶었던 얼굴을 보게 될 것 같아서 그 날이 손꼽아 기다려졌다.

카페를 개설하면서 짧다면 짧은 시간이었지만 험난한 가시밭길이었다고 해도 과언이 아니다. 이렇게 정모까지 하게 되는 좋은 일이 있기까지에는 힘들 때도 많았다. 회원 모집하는 와중에 다른 카페에서 강퇴도 많이 당했고 카페 개설하면서 수필 응모해 보라고 적극 권유하는 지인도 만나게 되었고 서예작품을 무료 보시하시겠다는 서예 대가이신 귀인을 만나게 되었다. 덕분에 나는 서예 습작도 하게 되었고 묵화와 난도 치면서 반야심경으로 열심히 습작을 하기도 하였다.

이곳의 서화원의 분위기는 소담스럽고 정감이 가는 곳이다. 난롯불 위에서 구워 주시는 군고구마의 그 맛은 일품이었다. 그리고 거송 원장님께서 해 주시는 가슬가슬 한 그 밥맛은 요즘 애들 말을 빌릴 것 같으면 '짱' 이다.

부부가 같이 서화원을 운영하시는 정감 넘치는 이곳에서 10년 동안 습작하고 계시는 노 보살님은 연세가 丁亥年이 되면 84세라고 한다. 노 보살님께서 "젊은이 늙으면 아무것도 되는 게 없다네. 젊음을 꼭 붙드소." 항상 그런 말씀을 하신다.

습작하실 때 손의 떨림 때문에 습작을 해도 마음먹은 것처럼 되지 않는다고 하신다. 젊음이 부럽다고 하시기도 하고, 옛날 고생하면서 자식 키운 얘기와 생활비 주지도 않고 삯바느질해서 돈을 조금 벌면 훌랑 가져가 버리곤 하던 남편이 저세상으로 일찍 가버리고 할머니 혼자 아들 세 명을 키우면서 젊음을 다 보냈다고 하시는 할머니의 넋두리는 자장가처럼 구수하기도 하다. 자식들은 모두 자리를 잡고 교수에 부부 의사에 아주 다복하신 것 같다. 일요일은 모처럼 시간을 내어 정모 때 선물할 서예작품을 하루 종일 시간 내어서 거송 원장님께서 다 써 주셨다. 거송 원장님은 다방면으로 재주가 많으시다. 서화원을 경영하시면서 자제분 유학을 보내어 사실 힘이 든다고 하시면서 좋아하는 술이지만 이렇게 소주밖에 마실 수가 없다고 하신다. 점점 서화원의 회원 수가 늘어나 더욱 번창하기만을 바라는 마음이 들었다. 서예습작을 하라고 습작지 보내주시는 회원님과 홍빛시동행과 인연이 된 모든 회원님에게 지면을 빌어 감사의 인사를 보낸다. 매일 아침 포토뉴스 올려주시는 '바다의 눈' 님과 좋은 글을 올려 주시는 80세 되신 회원님의 열정에 다시 한 번 깊은 감사의 마음을 드렸다. 홍빛시동행의 첫 번째 정모가 성황리에 잘 마치게 되었으면 좋겠다.

내 생애 최고의 뜻 깊은 날이 될 수 있었으면 하고 발원해본다.

오래도록 기억하고픈 병술년아 부디 잘 가거라.

송정 바닷가에서

금강경오가해 회향 인터넷 법문방송이 끝나고, 모처럼 마음의 여유가 있는 날이다. 인터넷 법문방송이 있는 날이면, 괜히 마음이 바쁘고 긴장이 되었다.

초하루 화엄기도 법회와 금강경 독송기도가 남아있지만 곧잘 달려가는 곳이 이곳 송정 바닷가이다.

이곳은 해운대와 광안리와는 또 다른 묘미가 있다.

저녁 시간이면, 무명가수 청년이 통키타를 치면서, 라이브를 애잔하게 부르고 있다. 익히 들어보던 곡들이다.

어니언스의 편지, 김정호의 하얀 나비, 바닷가의 추억등 언제 들어도 편안하고 아련한 추억을 불러일으키는 곡이기에 마치 사춘기 소녀로 돌아가 있는 듯하다. 친구랑 어깨동무를 하고, 감상에 젖어 여유로움을 즐기는 이 시간은 행복 가득하다. 송정 바닷가에서 이어지는 동해안으로 가다보면 임랑 바닷가에 정훈희 카페가 있다. 이곳에서는 토, 일요일이면, 남편과 교대로 라이브 공연을 가진다. 오늘은 정훈이 가수가 자신의 힛트 곡들로 한 시간 동안 위트와 y담을 곁들여 진행을 하고 있다. 정훈의 맑은 음색은 나이가 들어도 변하질 않는 모양이다.

무대 매너는 대형가수 답게 참 여유롭고 멋지다.

이렇게 음악과 함께 할 수 있는 곳이라면 무릉도원이 따로 없을 것 같다. 임랑에서 부산으로 가는 길에 철마를 들리지 않을 수가 없어 철마를 찾았다.

철마 고기축제에 홍보가 많이 되었는지 부산근교 철마에는 인산인해를 이루고 있다. 특설 무대를 만들어 놓고 가수들의 열정적인 노랫소리가 가까이서 들려온다. 너무 교통이 복잡해 가까이는 못 갔지만, 윤형주의 '저별은 나의별', 이장희의 '한잔의 추억' 이 들려온다. 여기도 아마 예전의 통기타 가수가 온 듯하였다. 언제나 드라이브 코스로 호젓한 이곳 철마가 마치 장터가 되어버린 것 같다. 오늘은 금강경 독송기도 모임 첫날이다. 도반들이 많이 와야 할 텐데 금련자원 봉사단 모임이 있는 날이이서, 모두 같이 저녁 기도에 동참하기로 했다. 도반님을 위해 뭘 준비를 할까 고민하다가, 간식으로 대체하기로 했다. 금강회 모임 땐 도반의 생일맞이 기념으로 생일이 들어있는 달에 하기로 의논을 하고 출석 도반에게는 금 한 돈씩을 신도회 회장께서 직접 선물로 주기로 하였다. 금강회 모임이 날이 갈수록 활성화가 되었으면 하는 바람으로 원만성취 발원을 해 보았다.

영남 알프스 호박소 오천평 용소

청옥문학 문우들과 함께 5차 산행이라는 타이틀을 걸어놓고 여름 피서지의 절정을 이루기 전에 이곳 밀양 호박소를 찾았다.

영남알프스, 경상남북도에 위치한 1,000m 이상의 산봉우리와 경치가 유럽의 알프스 산맥에 버금간다고 하여 붙여진 이름이다. 시례 호박소Siryehobak so Pond는 해발 885m 백운산 자락 계곡에 위치하며 화강암 위로 흘러내리는 물줄기는 한여름 더위를 식히기에 안성맞춤이다.

백옥白玉같은 화강암이 억겁의 세월 동안 물에 씻겨 소沼를 이루었는데 그 모양이 마치 절구(臼)의 호박같이 생겼다 하여 호박소 또는 구연臼蓮이라 했다. 명주실 한 타래가 들어갔을 만큼 깊었다고 하는 얘기도 전해지며 오랜 가뭄이 계속될 때 기우제를 지내는 기우소祈雨所이었다고도 한다. 오랜 세월 동안 산행을 하며 노익장을 과시하는 김창식 부산불교문협 직전회장이 선봉장이 되어 우리 일행들을 안내했다.

이분의 수필집은 「두고온 명산」, 「찾아간 명산」, 「다시 본 명산」 등 삼십 년을 산행 하면서 수필집을 계속 내신 분이시다.

김창식 고문님의 안내로 호박소 쇄점골 근처에서 봉고차에서 내려 거꾸로 위에서 아래로 곧장 일행들과 내려갔다. 서울 중부지방에는 호우가 쏟아지고 중부 이남으로 장맛비가 내린다는 뉴스이지만 아직 비는 오지 않고 워킹하기 더없이 좋은 날씨이다. 호박소 제일 위에 있는 쇄점골에서 아래로 내려가니 군데군데 작은 폭포들이 간간이 있어 나름대로 한번 짚어 보았다.

드러누운 듯한 와폭포에서 폭포수를 맞으며 일행 중에 한 사람은 빨아들일 듯한 매력에 빠져 폭포수를 떠나지 못하고 사진 촬영의 포즈를 연신 취하고 있다. 이곳에서 조금 내려가니 이름이 없다고 하여 무명폭포라고 고문님께서 지어 주셨고, 곧장 내려가니 폭포수가 바로 쏟아진다는 직소폭포가 나왔다. 조금 더 내려가니 아름다운 삼단 폭포에서 일행은 아름다운 폭포수를 폰에 연신 담아내었다. 오천평바위 암반수에서 우리 일행들은 등산 양말을 벗고 발을 담그었다. 발이 시원하니 온몸이 날아갈 듯 상큼하다.

이곳이 바로 도솔천 무릉도원이 아니고 무엇인가.

일행 중에 한 사람은 물 위에서 미끄럼을 타면서 다시 예전의 동심으로 돌아가고픈 듯한 모습을 보니 나도 모르게 물에 뛰어들어가 보고 싶은 충동을 느꼈다. 몇 년 전 불교대학원 동기회에서 하계 단합대회 때에 물속 웅덩이에 나를 빠뜨려 물에 빠진 새앙쥐 꼴이 되었으나 옷을 준비를 못해 일행의 옷을 빌려 입고 온 일이 불현 듯 떠오른다. 울창한 아름다운 숲과 야생화가 지천에 깔려 있고 아름다운 꾀꼬리 소리 풀벌레 소리가 온 세상에 가득한 오천평 용소, 바위 위로 흘러내리는 암반수에 발을 담그니 시상이 절로 아니 떠오르겠는가.

호박소 제일 위에서 아래까지 4km 거리였다.

한 2km쯤 중간 정도 조금 더 내려가니 화전민이 살았다고 하는 그 옛날의 화전민 집터가 아직 조금 남아 있다.

호박소 제일 위에서부터 제일 아래 입구까지 내려와 다리를 건너니 백연사가 우두커니 호박소 입구를 지키며 염불 소리가 백운산 자락을 흔들었다. 3시간 가량 워킹을 하고 점심식사를 위해 일행이 가지고 온 봉고차를 다리 아래에서 기다리고 있으니 장대비가 쏟아지고 있다. 봉고차를 가져온 회원은 함께 산행도 못하고 호박소 제일 아래에서 우리 일행을 몇 시간을 기다렸으니 참으로 죄송한 마음이 들었다. 작천정 식당에서 맛있는 쏘가리 매운탕으로 점심 요기를 하고 사무실로 돌아와 일행이 준비한 수박과 미숫가루로 더위를 식히고 곧장 집으로 돌아오니 언제 비가 왔느냐는 듯 맑고 쾌청했다.

다음 기회에 이곳 호박소에 올 때에는 밥과 음식을 만들어 먹을 수 있도록 준비를 해서 직접 밥도 하고 고기도 구워먹는 좀 더 뜻깊은 산행을 하자는 제안을 하면서 하산을 했다.

태풍 상산

언제나 한가위 전후에 큰 태풍이 하나씩 연례행사처럼 찾아온다. 지난번 매미라는 타이틀을 걸고 다가온 태풍 때에는 동생들과 추석 뒷날 친정에서 여유롭게 정담을 주고받으며 온갖 수다를 떨고 있었는데, 매미라는 태풍이 한반도를 강타하는 와중에 집에도 못가고 꼼짝없이 친정에서 밤을 새웠다.

내가 유치원 다닐 무렵이었다. 아마도 내 기억에는 그 무서웠던 태풍이 사라호이지 않았나 싶다. 그 당시에 우리 집은 한옥이었는데 바닷가 가까운 곳이라, 부엌에 물이 가득 차 꼼짝없이 방에 갇혀서 무서워하고 있는 나에게 외삼촌이 건빵을 볶아서 먹으라며 가져다주던 기억이 태풍이 올 때면 나의 뇌리를 스쳐 지나간다. 내가 결혼하기 전에는 교회 성가대에서 열심히 찬송가를 불렀다. 하지만 결혼 후에 시어머님이 불심이 깊으신 분이어서 차마 교회에 가지 못했다.

아들이 다니던 유치원 학부형의 지극한 권유에 서울에 있는 사찰에 가게 되었다. 처음 대웅전에 들어섰을 때 지독한 향냄새에 얼마나 속이 메슥거렸던지, 하지만 요사채의 친절한 보살님은 점심 공양도 챙겨주고, 떡과 과일도 챙겨주는 봉사와 보시의 마음을 보면서 나는 감동을 받았다. 사찰에 오면 으레 이렇게 하는 것이라는 본보기를 보여주는 듯했다.

그때부터 다니기 시작한 불자의 길, 삼보님께 귀의 한지도 어느 듯 30여 년이란 세월이 훌쩍 지나가 버렸다.

나의 친정은 기독교 집안이며 소위 말하는 모태신앙이다. 할머니 때부터 신앙심이 돈독하였다. 그래서인지 나의 친정에는 남동생이 목사이고, 친정어머니와 여동생이 권사이고 나머지는 집사의 직위를 가지고 있다. 나와 종교가 다른 친정이 서로의 신앙은 간섭하지 않기로 마치 약속이라도 한 듯 서로 존중해 주고 있다. 나의 시댁 큰 시누이와 작은 시누이도 기독교로 전향해서 신앙심이 돈독하다. 매일 새벽기도에 나가고 일요일이면 어김없이 교회에 가서 봉사활동도 빠지지 않는다고 한다. 내가 절에 다니면서 나름대로 포교도 많이 했지만 역시 가까운 형제자매들의 포교는 요원하기까지 하다. 오히려 기독교 신자로 전향하길 갈망하기 때문이다. 세존사 회주 스님께서 불자의 길을 흔들리지 않게 이끌어 주지 않았나 싶다. 이제는 직접 가서 강의를 듣지 않고, 컴퓨터로 불교 교리 공부 할 수 있어 시간적으로 나마 도움이 많이 되고 있다. 신행공부도 해야겠지만 카페에서 불교경전공부를 불자님에게 권유해 보기도 한다. 이 글을 거의 다 쓸 무렵 태풍 상산이 지나갔다는 뉴스보도가 나오고 있다. 태풍이 지나간 뒤의 고요함, 간간이 들려오는 바람소리, 깊은 정적만이 주위를 감돌고 있다.

제 4 부

가을단상

개인시집 출판기념회

그동안 시를 쓰고 가다듬고 취약한 점을 또 다시 퇴고를 하면서 고심에 고심을 거듭하면서 드디어 시집을 발간하게 되었다.

시를 쓰게 된 계기가 된 건 지인께서 이끌어 주시기도 했지만 제적 사찰의 주지 스님께서 인터넷 법문 강의 녹취를 나에게 맡기면서 생활 수기나 수필을쓰라고 권유 하셨다.

처음엔 많이 망설였지만 용기를 내어 한 번 써 보기로 했다. 그런데 인터넷에 올린 글의 조회수가 항상 1위를 달리는 것에 용기를 얻었다고나 할까. 매진을 하게 된 계기기 되지 않았나싶다. 인터넷에 올린 글을 보고 지인께서 수필에 등단하라고 권유하였다.수필에 등단하게 되고 수필을 쓰다보니까 이제는 시를 쓰라고 권유를 한다. 그리고 시를 쓰려면 시 강론을 많이 들어야 한다고 하면서 방법을 가르쳐주었다. 개인시집을 내기 위한 시를 일주일에 적어도 2~3편씩은 쓰라고 하였다.

개인시집에 수필을 함께 넣으면 시를 적게 써도 되었지만 시만 쓰게 되니까 시제만 생각나면 바로 바로 즉석에서 쓰는 강행군을 하게 되었고 제1집 “태양은 다시 떠오르고”에 이어 두 번째 시집 “초록호수” 세 번째 시집 “빗속의 선율”을 발간하게 되었다. 두근거리는 가슴 쓸어내리며 설레는 출판기념일이 바로 오늘이다. 그동안 노력에 대한 결실을 맺는 날이 드디어 다가왔다.

다섯명의 합동 개인 출판기념일 행사여서일까. 150명이 넘는 축하객으로 연회실이 가득 차 행복한 기분이 들었다. 나름대로 고운 한복차림의 여자 시인 세 사람과 청옥 회장과 부회장 이렇게 다섯 명이 어우러져 아름다운 하모니를 이루어 내었다고나 해야 할까?

청옥회장님의 "여백의 바람" 이란 시집 제목의 시를 여는 시를 시작으로 세존사합창단의 합창곡 "mother of mine"과 "마음의 창" 두 곡에 이어 축사와 격려사가 이어지고 다섯 명 시인의 서평을 해주신 안태봉 회장께서 한 사람씩 시평을 해주시며 자세한 소개를 해주셨다. 너무 과찬을 해주시니 몸 둘 바를 몰랐다. 이어서 다섯 시인의 시로 전문 낭송가의 낭송이 줄을 이으며 시인과 낭송가가 나란히 서서 아름답고 낭랑한 목소리와 감동을 주는 낭송에 관중은 눈물을 짓기도 하였다. 내가 적을 두고 있는 옥련선원과 다시 나가게 된 세존사 합창단 두 곳을 초청하게 하였다.

두 번째 합창단 옥련선원의 합창곡 "가지산 물소리"와 "청산은 나를 보고" 두 곡으로 분위기는 더욱 고조되어 갔다. 다섯 시인의 기념패 전달식과 성황리에 잘 마칠 수 있도록 이 자리에 모인 모든 분들에게 감사의 말씀을 전하는 폐회인사를 하고 축하 건배 제의를 청옥회장님께서 먼저 하였고, 차례로 건배 제의를 한 다음 축하 케이크 커팅으로 '5인 출판기념식' 의 막을 내리게 되었다.

대구에서 온 은파 시인은 화가에 낭송가로 활동 중인 다재다능한 끼를 가지고 있는 시인이고, 임영순 수필가 · 시인은 말없이 자기 일처럼 성원과 격려를 아낌없이 해 주었다. 이런 분들이 있기에 더욱 청옥문학이 발전하는 계기가 된 것이 아닐까!

오늘 출판기념회를 함께한 모든 시인께서 감동적이었다는 소감의 말씀에 성공적인 출판기념회가 된 것 같아 정말 기쁜 마음

금할 수 없다. 이 기쁨을 우리 청옥문학 회원과 홍빛시동행 전 회원님과 함께 하고 싶다. 미흡한 부분이 없잖아 있었다면 참석하신 모든 분들 소개를 올리지 못한 점이었다. 행사할때 마다 제일 신경 쓰이는 부분이 귀한 걸음 해주신 분에게 일일이 인사를 드리는 것인데, 말로서 대신 고마움을 전하였다.

2부 순서는 저녁 식사를 하면서 시인이자 가수 이태이 님이 노련하게 잘 진행을 맡아서 하여 노래와 음악이 있는 즐거운 만찬이 되었다. 이렇게 성황리에 잘 마칠 수 있게 되고, 개인시집이 탄생하기까지 하나에서 열까지 세심하게 프로그램을 잘 만들고 이 자리까지 이끌어온 청옥 회장님과 합동 출판기념식의 다섯 시인과 함께 그동안 시집 교정 하시느라 수고를 하신 분의 노고에 마음속 깊이 감사를 드리며 청옥문학의 무궁한 발전을 기원 드려본다.

카페를 열어 가면서

홍빛시동행 카페 지기님이 지은 '홍빛' 이란 이름이 참 좋다는 얘기를 회원들이 간혹 들려주곤 한다.

자신이 좋아하는 일을 한다는 건 바로 행복 그 자체이지 않을까 싶다. 내가 좋아하는 음악을 듣고, 시상을 떠올리며 자작시를 쓰고 예쁜 유채도 만들어 20여 군데 카페의 운영자로 좋은 글과 유익한 자료를 올리고 오늘 해야 할 일의 작업을 마무리하고는 카페에 들어올 시간이 없어 잠시 틈을 내어 신선도가 떨어진 메뉴를 메우기도 하면서, 꾸벅 꾸벅 졸면서 작업을 하기도 한다. 어떤 때는 시상이 떠올라 즉석에서 쓰다보면 좋은 시가 탄생되기도 하지만 어떤 때는 시를 써야겠다고 작정을 하고 쓰려고 하면 도대체가 시상이 떠오르지 않을 때도 있다.

공부란 것은 다 때가 있다고 하지만 늦은 나이에 공부 복이 터진 것 같다. 서예, 서화, 시, 한문공부, 20여 군데 카페작업까지 하고 나면 나도 모르게 파김치가 되어있다. 그리고 시상이 떠오르면 언제 어디서나 끄적이고 있는 나 자신을 보면서 어느새 시인되어 있는 모습을 보면서 쓴웃음을 짓지 않을 수가 없다. 시시한 사람이 '시인' 이라는 농담 반 진담 반인 너스레를 줄 곳 떨어 보기도 하면서 말이다.

낭송회에서 낭송할 자작시와 유명시를 반복해서 수십 차례 외워보기도 하면서 할 일이 태산 같이 많은 날에는 어떤 것부터 해야 할지 무엇부터 해야 할지 혼란스러울 때가 많다.

하지만 가장 급한 불부터 꺼야겠지 하며 들어온 원고청탁 날

짜를 확인해 보기도 한다. 하지만 요즈음은 일이 점점 태산 같이 많아져 원고청탁 날짜도 예사로 넘겨버리기 일수 이니 정신 없이 살고 있다고 해야 할까?

오늘은 원효 스님의 발심 수행장 뜻풀이 부탁하는 도반을 위해 내용과 한문 뜻풀이를 하다 보니 어느새 시계 초침은 새벽 1시를 가리키고 있다.안방에서 남편의 걱정 소리를 들으며 오늘은 여기에서 이만 작업을 마쳐야 할 것 같다.

내일에 있을 서예 출품을 위해 오늘은 이만 자판을 두드려야 겠다.

나른한 어느 여름날

찌는 듯한 폭염 속에 삼복더위가 한여름의 가운데에서 몸도 마음도 지쳐가고 있는 이즈음 모처럼 마음의 여유가 있는 날에는 깊은 상념에 잠겨 본다. 세상은 사이버 오프라인과 온라인 첨단시대로 가며 이제 지천명에서 육순의 나이로 가면서 컴퓨터를 만나지 못했다면 허전하고 따분한 날들이 많지 않았을까? 사이버 세상에서 홍빛 회원님과 사이버에서 함께 동행하는 삶은 참으로 소중하고 기쁘기 한량없다. 삶이 힘들고 괴로울 때면 스스럼없는 대화로 스트레스를 풀기도 하며 여행을 갈 때도 영화를 볼 때도 맛있는 음식을 먹을 때도 혼자서는 아무 의미가 없지 않을까? 사람 人 자에서 보듯이 서로 의지하며 살아가라며 서로를 받치고 있지 않은가! 언제나 동행하는 삶은 즐거움과 행복감을 주기에 충분하다. 살면서 가장 행복한 사람은 욕심 부릴 줄 모르고 베풂을 미덕으로 여기며 순간의 손해가 올지라도 감수할 줄 알며 묵묵히 가는 사람일 것이다. 삶을 영위하면서 지혜로운 사람은 남을 사랑할 줄 아는 사람이고 가장 아름다운 사람은 욕심을 자제하며 남을 위해 배려할 줄 아는 마음을 가진 사람이다. 맑은 마음으로 바라본 하늘처럼 투영하고 그윽함을 느낄 수 있는 그 향기처럼 언제 어디에서든지 맑은 마음으로 살고 싶다. 온갖 풀벌레들의 합창 소리는 한여름이 왔음을 알리며 매미의 노랫소리는 수많은 세월을 애벌레로 있으면서 짧은 생을 마감하는 게 애달파 이렇게 처량하고 애끓게 울음 우나보다. 간간이 불어오는 바람결에 한여름의 묘미를 느껴본다.

황지못의 여정

강원도 태백에서 낙동강문학의 새로운 시발점을 찾기 위해 낙동강의 줄기를 찾아 나섰다. 코끝이 찡해지면서 새벽공기가 제법 차가웠지만 기분은 상쾌했다.

낙동강문인협회 문학기행을 위해 문인 일행은 모두 구포에서 관광버스를 탔다. 예전에는 강원도까지 가려면 1박을 하지 않으면 가기가 힘든 곳이었다. 먼 거리였지만 문우들과 이야기꽃을 피우면서 떠난 강원도 태백 황지못은 먼 거리에도 불구하고 금방 온 듯 했다.

낙동강문학 창간 기념식을 위해 기원제를 지냈다.

오늘은 수필가로서 첫걸음을 내딛는 날이기도 하다. 이곳에서 수필 부문 신인상을 받았다. 기원제를 지낸 후 기념 책자와 떡과 술을 공원에 오신 분들에게 나누어 주면서 문우들과 함께 나누어 먹으며 함께하는 그 마음이 참으로 돋보였다. 운영진의 수고로 인해 편안하고 즐거운 기행이 되고 뜻깊은 행사가 되었다. 마무리 정리까지 깔끔하게 한 우리는, 늦은 점심을 먹기 위해 식당으로 향했다. 여기저기서 축배의 잔을 서로 정겹게 주고 나누며, 시간이 되면 여기저기 답사를 하려고 했지만 여의치가 않아 청량산을 바라보면서 기념촬영을 하고 월영교에 들러 마지막 기념촬영을 하고 관광버스에 곧장 올랐다. 지루함을 달래기 위한 여흥을 즐기면서 가기로 했다. 하모니카 부는 시인 플룻을 연주하는 시인, 낭송을 하면서 즐거운 시간이 되었다. 특히 플룻으로 배경음악을 깔면서 낭송하는 묘미는 아름답기까지 했다. 즉흥시 낭송도 듣고, 하모니카 연주를 들으며 그 옛날 동심으로 돌아가는 듯한 분위기에 빠져보기도 하였다.

일행들은 헤어짐의 아쉬움을 뒤로하고 작별의 정을 서로 나누며 헤어져야만 했다.

가을 단상

바쁜 일상 속에 모처럼 여유가 있는 날이 연중에 한 번씩은 있다. 가을을 알리는 풀벌레 소리가 여기저기에서 들려오고 하늘은 투명하게 높아만 가고 가을바람이 제법 소슬해졌다.

오늘은 그동안 밀린 컴 작업*도 해야겠고, 글도 한 편을 써야 되겠다. 내가 운영자를 맡고 있는 카페가 자그마치 20여 개인데, 지정 카페 게시판작업에 댓글 달고, 타 카페에는 글을 제대로 올리지 못해 미안한 마음이 앞선다. 시와 불교 카페여서 그런지 회원의 신심이 아주 돈독하다는 느낌이 들었다. 불교 게시판에도 경전을 계속 올려주시는 불심이 깊은 회원님 덕분에 불교 경전강의에 직접 가지 않아도 편하게 댓글 달면서 경전공부에 심취하게 되니 일거양득이 아닐 수가 없다.

수필을 한 편이라도 더 쓰기 위해, 독서삼매에 빠지지 않으면 안 될 것 같다. 도심을 조금만 벗어나면, 가을의 전령인 코스모스가 바람에 한들한들 물결치고 이 산 저 언덕 밑에는 온갖 과실이 출렁인다.

긴 장마에 찌는 듯한 불볕더위가 지나니 청아하게 열린 하늘은 내 마음까지 청명하게 해주고 황금 물결치는 대지에는 꿈이 서리고, 청포도가 알알이 영글어 가니 포도송이 마다 우주의 신비가 깃든다. 향기로운 가을의 꽃이 함박웃음을 짓는다. 자연과 인간이 함께 환호를 터뜨리는 가을이다.

한낮의 뜨거운 열기로 오곡백과와 온갖 과일의 풍요로움을 맛보니, 가슴 벅차오른다. 아! 가을이여….

*Computer로 일하는 창작, 정보교환.

노래와 친구들

초청만 하면 언제 어디든 달려가는 '노래와 친구' 중창단 팀이다.각 사찰에서 노래를 제일 잘하는 합창단원을 한 명씩 뽑아 만든 합창단으로 지휘자 선생님의 안목이기도하다.

매주 목요일은 중창단 수업이 있는 날이다.

내가 다니는 옥련선원 사찰에서 오전에 찬불가 수업을 하고 공양 마치고 나면, 곧장 노래와 친구들, 중창단으로 달려간다.

목요일은 나에게 있어 목청껏 소리 높여, 노래하는 날이기도 하다.

오늘은 해인사 고불암 포교원 불교회관 개원식에서 그동안 갈고닦은 실력들을 발휘해 보았다. '귀의하옵고, 관세음보살, 부처님께 귀의합니다' 3곡의 찬불공양을 올렸다. 불교회관 개원식 이어서인지 스님들께서 많이 오셨다. 인원수 확인은 해 보진 않았지만 재가 불자보다 스님께서 더 많이 오신 것 같다. 개원식의 근엄한 자리에서 우리 합창단원 중의 한사람이 갑자기 '윽' 하면서 기침을 하기 시작한다.

계속되는 기침 때문에 혼자서 곤혹스러워 하고 있다.

법당안의 향 때문에 기침이 났는지, 나가려고 해도 바깥으로 나갈 곳이 없다. 스님들과 재가불자들로 초만원을 이루고 있는 법당 안이다. 우리 합창단은 일사불란하게 지압을 해 주기도 하고 물과 사탕을 먹이기도 하고 시원하게 부채를 부쳐 주니 기침을 멈추었다. 아찔한 순간이었다.

이곳 불교회관 주지 스님과 인연이 있는 티베트 스님께서 부처님의 진신 사리와 티베트에서 생불이라고 부르는 림프체 스님을 모시고 오셨다.티베트의 생불이기도 한 림프체 스님께서 마명수계를 주셨다. 그리고 긴 스카프를 하나씩, 목에다 씌워셔서, 부처님 진신 사리의 영롱한 물체를 친견하는 영광스러운 인연을 가져보았다. 인연이 닿아 이곳 포교원에서 공부 할수록 어려운 불교 경전공부를 할 수 있는 기회를 얻었으면 좋겠다. 불교에 심취하면서 순수한 마음으로 살아 갈 수 있다면 얼마나 좋을까. 꾀꼬리 같은 목소리를 가진 신심이 돈독한 불자들만으로 주축이 된 중창단이어서인지 서로 격려하고 배려하고 베푸는 마음이 보기에도 좋아 보인다. 노래도 하고 법문도 듣는 경건한 날이 되었다.

인터넷 카페

달리는 차창 너머로 가로수가 오버랩 되어 멀어졌다 가까워졌다 하는 차 속에서의 시간은 많은 상념을 떠올리게 한다.

빛바랜 추억을 더듬으며, 잠시 여유로움에 빠져보았다.

수필 등단한 지도 어언 10년이 되었다.

詩보다 수필로 먼저 등단을 했지만 시집은 3권을 발간한데 비해 수필집이 한 권도 없으니 올해는 기필코 수필집을 내어야겠다고 다짐을 하였다.

내가 수필을 쓰게 된 동기는 제적 사찰의 주지 스님께서 인터넷 법문 방송하시면서, 운영자를 맡게 되었고 운영자를 하면서 법문 녹취도 하고 인터넷 법문강의 속기도 하기 시작한 것이다. 때론 밤새워 녹취한 것이 한 방에 날아가 버려 당황해하며, 속상해했던 기억들이 추억의 편린되어 나의 뇌리에 스쳐 지나간다. 그때 주지스님께서 나만 보면 수필을 쓰라고 권유하셨다. 먼저 수필로 등단하기 전에 대불카페에 수기 식으로 글을 올리기 시작하였다. 그런데 생각 외로 조회수가 엄청 많았다. 그 당시 카페 회원이 몇백 명 정도였는데, 조회 수가 백 개를 넘고 있었다. 잠시 내 눈을 의심해 보기도 했지만 분명 백 개 이상의 조회 수를 보면서 용기를 얻게 되었다. 그리고 그 당시에 제적사찰 세존사 불교대학 선전을 듣고 찾아온 신도 분께서 수필등단을 권유하였다. 처음에는 번거로운 게 싫어 등단을 안 하려고 했는데 극구 권유하는 새 신도의 말을 듣게 되면서 등단을 하게 되었다.

지금은 세존사 회주 스님이 되셨지만, 그 당시만 해도 10여 년 전이었으니까 주지 스님이셨다. 스님께서 인터넷 법문강의 하시면서, 방송녹음 올리는 방법을 강사까지 초빙해서 배우게 해주셨고 특히 인터넷상에서의 에티켓이란 나이가 아무리 어려도 말을 놓으면 안 된다는 말씀을 되풀이 하셨다.

스님께서 인터넷 법문 방송하실 때 계속 초대하면서, 속기와 방송 끝나는 대로 녹취를 해서 다음 강의를 위해 준비를 하다보면, 모든 에너지를 집중하게 되고 늦은 시간까지 컴퓨터 앞에 앉아있는 나를 보는 남편은 못내 못마땅한 표정이다.

그리고 때론 역정을 내기도 하지만 불교공부는 녹취를 함으로 해서 불교대학에서 공부하는 것 보다 많은 공부가 된다는 사실을 알게 되었다. 이렇게 녹취까지 하면서 불교공부에 심취를 하게 되었던 건, 부처님의 가피라고 생각한다. 때로는 인터넷 법문방송 매일 듣던 회원이 일본에 기행을 다녀오면서 그곳에서도 인터넷 오프라인의 선요 강의를 들어왔다는 얘기를 듣고 감동을 받지 않을 수가 없었다. 인터넷이란 말 그대로 전국구이기도 하지만 세계구이기도하다. 내가 운영자를 맡고 있는 곳도 20개 정도이고, 카페지기를 맡은 곳도 여러 곳이다. 회원 수가 천 여 명의 홍빛시동행은 세계 각국의 회원들이 모여 있기도 하다. 경전과 시와 모든 것을 한눈에 볼 수 있고 음악이 듣고 싶으면 얼마든지 찾아 감상할 수 있는 곳이 바로 '홍빛시동행' 카페이다. 이곳에서 그 모든 것을 볼 수 있고 들을 수 있으니 행복한 일이 아닐 수 없다.

인터넷 카페가 2천 연도부터 활성화되면서 요즈음은 폰으로 모든 걸 볼 수도 있지만 인터넷 카페와 블로그에서 궁금한 게 있으면 즉각 알 수도 있고 모든 자료를 제공받기도 한다. 요즈음은 문학회 활동을 하다 보니 예전에 활동하던 카페의 활동이 뜸해지긴 했지만 문학협회 카페에서 카페지기와 운영자로 모든 자료를 올리고 공지를 하곤 한다. 청양의 해 을미년 올해는 나의 목표를 위해 오늘도 내일도 힘차게 뻗어가는 해가 되고자 고군분투孤軍奮鬪 해 본다.

丁亥年을 보내며

또다시 한해가 저물어 가고 있다.

이제 丁亥年도 종착역을 향해 달리고 있는 이즈음에 잠시 되돌아보는 시간을 가져보았다. 가끔 나 자신을 돌이켜 보며, 무얼 위해 이렇게 바쁜 삶을 살아가는지 나 자신의 일도 물론 중요 하겠지만 이웃을 위한 배려는 조금이라도 했는지 나로 인해 상대방에게 마음 상하게 했던 건 아닌지!

새해가 오면 좋은 일이 생길 것만 같은 마음이 해마다 들었지만 한 해가 거의 갈 즈음에 올해는 과연 무슨 일을 했는지, 화살과도 같이 빠른 세월에 마음에 여유를 잃어가고 있는 건 아닌지 모르겠다. 올 한 해는 불교합창대회 출전해서 입상도 하고 서예출품을 해서 특상을 2번에 입상 3번을 받는 영광도 있었고, 한시문협 문예지 창간호에 수필로 등단도 하면서 '홍빛시동행' 동인지도 만들게 되었다.

삶이 힘겹고, 버거울 때에 이웃과 함께 슬퍼하고 기뻐하는 삶이 되어야겠다고 다짐해본다. 12월의 송년행사와 내년 1월의 신년행사가 줄을 있는 시점에 내년엔 큰아들이 해외 지사로 인생의 중대한 한 획을 긋는 해외 주재원으로 가게 되었고, 결혼도 시켜야겠고… 작은 아들은 공무원 발령 대기 중에 있기도 하다. 홍빛시동행 동인지 출판기념회도 준비해야하고, 굵직한 일정들이 줄을 잇고 있다. 자칫 건강을 해치기 쉬운 행사가 많은 연말연시이다.

홍빛시동행 회원의 건안하신 모습으로 출판기념정모에서 만나 길 기원 드려본다. “부족한 부분을 채우기 위해 노력하는 나날의 삶 속에 행복이 있다.”고 플라톤은 말한다. 부족한 2%를 채우기 위해 많은 생각을 해보았다.

행복이란 물질적 풍요보다 자기가 하고 싶은 일을 하면서 만족할 줄 아는 마음에서 생긴다고 한다.

무자년 새해에는 더욱더 밝은 모습으로 소원하는 모든 일이 술술 잘 풀리는 한 해가 되고, 홍빛 시 동행님의 가정에 화평과 행복이 가득하기만을 기원 드린다.

청주 문학기행

알싸한 새벽공기를 가르며, 충청도 청주 문학기행을 하기 위해 근록 보살과 나는 택시를 타고 출발장소인 동래지하철에 7시 출발을 맞추어 달려갔다. 약속장소인 이곳에 도착하고 보니 일행이 보이질 않았다. 갑자기 추워진 날씨에 몸을 움츠리며, 지하철 출입구에서 서성이고 있으니, 한 사람씩 나타나기 시작한다. 그런데 정작 봉고차를 가지러간 엄 선생이 나타나질 않아, 일행은 시간을 절약하기 위해 김밥과 우동으로 간단한 요기를 하고, 차 한 잔하고 조금 있으니, 곧 도착한다는 연락이 왔다. 아마 어제 사업 관계차 늦은 귀가로 늦잠이 들었나 보다. 충청도 지회장님 부부께서 점심과 저녁 식사 예약도 해놓으시고, 청남대 입장료까지 매표했다고 한다. 충청지회장님 부부와 우리 일행은 문의 IC 분기점에서 반가운 만남의 정을 듬뿍 나누면서 한국의 귀경 100선 중의 하나인 청남대로 향했다. 청남대를 대학캠퍼스가 있는 것으로 착각을 했지만, 대학 건물 같은 건 보이질 않았고, 역대 대통령의 발자취와 기증한 물건 그리고 침실과 접견실도 있었다. 그중 한실이 정겹게 보였고, 책을 보고 있는 동상의 대통령과 자전거를 타고 있는 동상의 대통령, 특유의 이미지를 보여주었다.

청남대는 A 코스 1시간과 B 코스 2시간 그리고 C 코스 2시간 30분을 돌 수 있는 산책로를 만들어 놓고 있었다. 본관 건물이 있는 곳은 1983년 5월 착공하여 영춘재로 불리다 1996년 7월 18일 따뜻한 남쪽의 청와대란 뜻으로 '청남대'로 개칭되었다고 한다. 본관을 중심으로 골프장, 그늘집, 헬기장, 양어장, 오각정, 초가정이 있고, 1층에 회의실, 접견실, 식당, 손님실이 있고, 2층은 대통령 전용 공간으로 침실, 서재, 거실, 식당, 한실 등이 있으며 다섯 분의 대통령께서 88회 471일 이용하였고, 2003년 4월 18일 일반인에게 개방되었다고 한다. 사계에 따라 제 모습을 바꾸는 조경수 100여 종 5만 2천여 그루와 야생화 130종 20여 만 본은 청남대의 또 다른 자랑 거리 중의 하나라고 한다.

자연생태계가 잘 보존되어 멧돼지, 고라니, 너구리, 꿩 등이 서식하고 있으며 각종 철새도래지이기도 하고, 청남대를 이용하신 다섯 분의 대통령 내외와 가족들의 산책코스로 사랑받아온 곳으로, 산책로를 따라 가다보니 황톳길, 마사톳길, 목교 등이 있었고, 산철쭉, 금낭화, 할미꽃 등 다양한 야생화가 식재되어 있다. 4월과 10월에는 청남대 축제가 개최되어 사생대회, 대통령선발대회 등 색다른 행사와 야생화 1,000만 송이 국화꽃으로 수놓은 꽃물결, 꽃동산을 감상할 수 있다. 수려한 자연 속에서 청남대에서 몇 시간 동안 대통령의 하루를 체험해 보며 기를 받아 가는 낭만과 추억을 만들어 보았다.

이곳 청남대는 노무현 대통령께서 경계가 삼엄하고, 굳게 잠겼던 문을 개방했다고 한다. 청주의 한 자락을 점령하고 있는 이곳 청남대는 대청호를 끼고, 끝없는 호수와 갈대밭이 함께 어우러져 환상의 숲속길이 펼쳐져있다. 연인과 대청호반을 따라 거닐 수 있는 호반 산책로가 있고, 아직 부산은 단풍이 절정을 이루고 있었지만, 부산보다 북쪽인 이곳 청주는 앙상한 모습의 산야에 마지막 단풍과 내년을 기약하는 낙엽만이 수북이 쌓여 있었다. 끝없이 투명한 호수를 대청댐 식수로 하고 있는 이곳 청주 시민들은 선택받은 사람들이지 않나 싶다. 마지막 남은 단풍이 지고 있는 대청호수에서 청남대 건너편에는 현암사 사찰이 멀리에서 바라보이고 있어 예전에 그 사찰을 철폐하라는 지시를 받은 곳이기도 하지만, 아직 그 모습을 그대로 지키고 있었다. 지금 양어장이 있는 이곳에 예전에 전두환 대통령과 이순자 영부인께서 스케이트를 타시기도 한 듯, 그 스케이트가 역대 대통령의 소장품으로 전시가 되어 있기도 했다. 양어장이 있는 연못에는 비단잉어, 붕어, 향어 등 다양한 종류의 물고기가 있어 대통령 가족들과 친지들이 관람을 하던 곳이라고 했다.

골프장 주변에는 40여 년 된 낙우송 50여 그루와 단풍나무, 소나무, 영산홍 등 조경수가 아름다웠고, 꿩, 노루, 고라니 등 야생동물들이 간간이 내려와 노는 모습을 볼 수 있고, 그늘집은 골프와 조깅, 산책시 휴게실로 이용하던 곳인데, 사방이 유리로 되어 있으며 실내에는 주변 분위기와 어울리는 등가구가 배치되어 있고, 베란다는 시원하고 경치가 좋아 오찬장소로 많이 이용하였다고 한다. 그늘집 앞은 낚시터 수상레저 장소로 이용하였으며 문민정부 시절부터 기른 청둥오리가 무리 지어 노닐다 전통악기인 나각을 불면 멀리서도 날아오는 모습을 볼 수 있다고 한다. 그리고 초가정은 국민의 정부 초기에 초가집과 정자를 짓고 김대중 대통령 생가인 하의도에서 가져온 농기구와 문의 지역에서 수집된 전통생활 도구 70여 점을 전시하고 주변에 야생화 단지와 울타리를 조성하였고, 주변경관이 빼어난 청남대 제2경으로 정자에 앉아 호수를 바라보면 섬에 와 있는 느낌이 들어 김대중 대통령은 정자에 앉아 사색을 즐겼다고 한다.

이곳 청남대는 식당이며, 편의점 같은 상행위는 허가를 하지 않았나 보았다. 대통령 산책길이 있는 길옆의 오솔길에 무궁화 모양의 오각정 정자가 있다. 충청지회장께서는 사모님이 직접 끓여온 생강차와 커피 그리고 떡과 양과자를 우리 일행을 위해 직접 들고 다니시다가 이곳 벤치에서 내려 놓으며 "아직 한참을 더 돌아 나와야하니, 무거운 짐 좀 놓읍시다."고 하여, 감사한 마음으로 간식을 먹었다. 시간을 맞추기 위해 빠른 운행을 해서 인지, 몇몇 여류시인들은 봉고차에서 곧장 내려 휴게실이 있는 화장실에서 대단한 멀미를 연신 해대었다. 작은 봉고차로 문학기행 길을 고생시키는 것 같아 다소 걱정도 되고 미안한 마음이 앞선다. 내려갈 때는 "천천히 가자."고 하며, 머나먼 길을 운전을 하며 수고를 많이 하는 엄 시인에게 주문을 하기도 했다.

1시간 늦은 출발로 고급식당은 시간 관계로 예약을 취소하고, 대신 바비큐 같은 맛있는 돼지고기와 호박 속의 잡곡밥을 곁들여 먹으며 포식을 하게해 주었다.

그다음은 소화도 시킬 겸 상당산성을 향했다. 상당산성이 처음 축성된 것은 백제시대 때 토성으로 만들어진 것으로 추정되며 상당산성이라는 이름은 백제의 상당현에서 유래한 것으로 통일신라 때 행정구역인 서원소경이 청주에 설치되는데, 이때 김유신의 셋째 아들 김서현(원정공)이 서원술성을 쌓았다는 기록이 있고, 신라시대 김유신 장군의 아버지가 30만 명의 병력으로 쌓았다고 하며 김유신 장군의 전적지인 낭비성이라는 설도 전해진다. 이후 조선시대 선조 29년 임진왜란 당시 개축되었다가 숙종 때 석성으로 개축하였다. 석재로 수직에 가까운 성벽을 구축하고 그 안쪽은 토사로 쌓아올리는 내탁공법으로 축조하였으며 높이는 4.7m이다. 동 · 서 · 남방 3개소에 성문을 두었는데, 남문은 무사석武砂石으로 홍예문을 만들고, 그 위에 목조 문루門樓를 세웠다. 지금은 석축 부분만 남아 있고, 성문의 높이는

3.5m, 너비는 4.2m이다. 동문과 서문도 역시 문루가 있었으며, 성문은 무사석으로 네모지게 축조하였으며, 높이 2.7m너비 2.8m이다. 동문과 남문 부근에 1개소씩의 암문暗門이 있고, 동남방에 수구水口가 있었으나 지금은 여기에 저수지가 만들어져 있다. 성내는 동장대東將臺와 서장대西將臺의 터가 남아 있다.

1996년 현재 이 성내에 50여 가구가 살고 있다. 읍지邑誌에 따르면 이 산성은 1716년(숙종42) 고지古址에 의거하여 석축으로 개수하였다고 하며 남문 등의 성문 성벽에 당시의 공사관계자들의 관직명 등이 새겨져 있다.

남문의 문루는 1977년 복원되었다.

우리 일행은 그 옛날 백제시대와 조선시대로 타임머신을 타고 돌아가 "게 물렀거라!" "성문을 열라!" 하며 장군이 되어보기도 하고 포졸이 되어보기도 하였다. 상당산성으로 계속 올라가다 보니, 대포를 많이 쏘아 주위에 탄피 자국이 역력하였고, 그 옛날 조상들의 얼을 그려보며, 오늘의 대한민국이 있기까지 나라를 지키기 위해 몸과 마음을 바친 순국선열들에게 잠시나마 묵념을 올려 보았다. 상당산성 정상에서 석양이 넘어가기 전 노을을 바라보며 일행들은 단체촬영을 하고, 마지막 행사인 저녁 식사를 하기 위해 황토로 지어진 충청지회장님과 아주 친숙한 친분이 있는 식당에 가서 편안한 마음으로 고기를 구워먹었다. 황토로 만들어진 식당이어서인지 고기 냄새도 나지 않았다. 고기 먹은 흔적이 남아 있지 않는 멋진 식당에서 오늘을 위해 수고를 많이 해 주신 김현명 충청지회장님 부부에게 건배 제의를 했더니 지회장님께서는 "편안한 마음으로 많이 드시면 저 또한 먹지 않아도 배가 부르다."는 말씀을 하셨다. 행복한 마음으로 포만감을 느꼈다. 고기와 함께 먹었던 야채를 3박스 나누어 주셨고,

초정약수까지 2통을 가져가서 마시라며 주셨는데 직접 떠 오셨다는 정성에 감복을 하였다. 받기만 한 것 같은 우리 일행은 어떻게 보답을 해야 할지, 죄송한 마음과 고마운 마음 가득 안고, 각자의 보금자리로 돌아가기 위해 곧장 부산으로 향했다.

몇 시간을 달리며, 집에 도착하고 보니 새벽 1시가 되어가고 있었다. 12시를 넘겼으니, 외박이라고 해야 할까? 무박 2일의 행복한 마음 가득한 문학기행이 되었다.

임진각에서

낙동강문학 3호 출판 기념 및 '통일 문학제' 기념행사를 임진 평화누리 공원에서 가졌다. 혹 늦잠이 들까 걱정스러워 모닝콜을 해 놓고서야 잠을 청할 수 있었다. 늦잠을 자면 큰 낭패이기 때문이다. 새벽 버스 시간을 잘 맞추어야 하기 때문에 잠을 설쳐가며, 옛날 학창시절 소풍가기 전날 같은 들뜬 마음으로 분주히 준비를 하고 쌀쌀한 새벽 공기를 가르며 집을 나섰다.

마산에서 출발한 관광버스가 부산 구포에서 부산 시인들을 태우고 대구가 분기점이기도 한 월드컵 경기장 앞에서 대구 시인들을 모두 태우고 임진각으로 향했다. 운영진의 백연 님은 임진각에서 군 생활을 하고 있는 아들의 면회에 다녀오기 위해 일찍 운전을 하면서 왔고, 임영순 시인과 카페 닉네임이 '며느리밥풀꽃' 님은 수원에서 미리 와서 우리와 합류하기 위해 기다리고 있었다. 우리 일행이 탄 버스는 서울 톨게이트부터 밀리기 시작해서 파주 개성 인삼축제가 열리고 있는 임진각 평화누리 공원 입구까지 계속 정체 되었다. 임진각에 가까워져 오자 북한강의 강줄기 하나 사이에 남과 북으로 나뉘어져 있는 분단의 아픔을 느꼈다. 아련히 눈에 들어오는 북녘의 초라한 아파트와 들녘을 버스는 아무 미련도 없다는 듯 스쳐 지나가 버린다.

임진각 평화누리공원 입구에 대단한 차량들의 행렬로 밀집되어 있어 오늘의 행사가 큰 행사임을 알게 되었다.

임진각에서의 행사 일정에 나는 가곡을 부르게 되었다.

임진각 자유의 다리가 보이는 곳에서 비목이 잘 어우러질 것 같았다. 야외무대에는 프로들이 노래하기를 제일 꺼린다. 노래가 퍼져 나가버리기 때문이다. 합창 역시 마찬가지이다. 30명이 넘지 않으면 소리가 뻗어 나가질 않아 합창대회를 포기하기도 한다. 하지만 일정에 잡혀있어 하지 않을 수도 없고 난감한 생각이 들었지만. 역시 야외분위기 때문인지 노랫소리가 모이지가 않고 날씨가 추워 예쁘게 나오질 않는다. 듣는 시인님들이 조금 괴로웠으리라 생각하며 송구스런 마음이 들기도 했다.

한시문협 고문께서 동영상촬영을 해 주시는 열정을 보여주어 제대로 못한 노래 실력을 '홍빛시동행'의 모든 회원님께 보여드리게 되었다. 다음 기회가 오면 갈고 닦은 실력으로 멋지고 아름다운 목소리로 들려 드릴 것을 마음속으로 다짐해 보았다.

축사와 격려사에 이어 연세가 93세이신 이기형 시인님이 통일 낭송시를 고령의 연세에도 불구하고 우렁차게 들려주셨고, 굿거리장단의 단원들도 함께 동참해 주셔서 이날 행사 분위기를 한껏 고조시켜 주었다. 낭송가 이재영 님의 굿거리장단에 맞춰 낭송하겠다는 주문에 의해 장구와 어우러지는 멋진 시낭송의 시간도 가져보았다. 낭송가의 목소리가 무척이나 낭랑하고 아름답다.

홍빛의 백연 운영자는 이날 행사에 축하 케이크와 떡을 보시하였고 임영순 시인과 친구이기도한 홍빛 회원 '며느리밥풀 꽃' 님께서 기꺼이 동참해 주어 재회의 기쁨을 나누게 되었다.

마지막으로 우리의 소원은 통일을 손에 손을 맞잡고 합창으로 오늘의 기념행사 일정들이 모두 끝이 났다.

돌아오는 길에 임진각은 황혼녘의 달무리에 떼 지어 다니는 기러기 떼가 마치 한 폭의 그림을 연상케 하면서 왠지 모를 애절함과 구천을 떠도는 영혼의 넋이 기러기 떼가 되어 노닐고 있는 듯해 마음이 아련하고 가슴이 저려왔다.

분단의 벽을 넘어 진정한 통일을 기원 하면서….

팔관회

이번 팔관회 행사는 1박 2일 동안 진행이 되었다.

제7회 팔관회 및 수륙제와 천도대재(한반도 평화와 부산발전 기원)에 첫날은 참석을 못 하고 이튿날 구월 구일 제사가 있어 절에 가서 사시예불을 본 다음 광안리 팔관회 행사장에 동참을 하였다. 주지 스님께서 "재에 올린 과일이랑 떡들 나눠가져 가시고 공양 잘하고 가십시오."라는 말씀과 함께 재를 모신 분들과 기도에 동참한 보살들과 점심 공양을 하고 있을 즈음, 팔관회 동참을 하고 방생법회에 등도 달으라시며 노 보살께서 등표를 들고 일일이 다니신다. 재에 참석한 수정이와 수정이 시어머님 일행이 있는 광안리 바다가 바로 눈앞에 보이는 그곳으로 우리는 발길을 돌렸다. 그때였다. 지나가던 어느 신사분이 나에게 팔관회란 무슨 뜻입니까? 라는 질문을 던지신다. 팔관회란 기독교에서 십계명이 있듯이 절에선 여덟 가지 계율을 지키는 것이고 그 여덟 가지 계율이란.

첫째 살생하지 말라, 둘째 도둑질하지 말라, 셋째 음행하지 말라, 넷째 거짓말하지 말라, 다섯째 음주하지 말라, 여섯째 몸에 패물을 달거나 화장하지 말라, 노래하고 춤추지 말라, 일곱째 높고 넓은 큰 평상에 앉지 말라, 여덟째 제때가 아니면 먹지 말라,이라고 말씀드렸더니 "보살님 정말 감사합니다."는 말씀을 하신다.

1부 순서에서 스님들께서 기원제를 지내고 그다음 바라춤과 연꽃 춤을 추시는 스님들의 모습은 언제나 보아도 신비스럽고

성스럽다. 선망조상 영가 천도재를 여러 조상님들께 올리신다.

부처님 전에 마지를 올린 다음 시방세계 계시는 불보살님들께서 과거전생 세세생생 인연불자들이 극락세계를 가도록 제를 올렸다. 수륙고혼 육지 물 공중에서 유명을 달리한 고혼들의 죄업을 씻어 주고 길을 안내하고 그 길을 열어 주었다.

금정 불교 방송 바라밀 합창단에서 찬불공양 '미타의 품에' '무상게'를 영가들을 위한 음성공양을 끝으로 선망부모들을 위한 해상법당에서 방생을 하고 저녁 공양을 했다.

2부 순서에선 금정불교 바라밀에서 고전무용인 살풀이와 연꽃 춤 등으로 한바탕 멋지게 어우러지고 서연 스님께서 플롯으로 이용의 '잊혀 진 계절' '베사메무쵸' 그리고 자신의 곡들을 멋있게 부르신다. 그다음 보컬 그룹인 '맑고 향기롭게' 노래와 장미화의 '안녕 하세요' '헬로아'는 모든 불자들이 좋아 하는 곡인 것 같다 함중아와 설운도의 노래를 끝으로 2부 행사가 끝이 났다. 설운도 왈 "우리가 언제 부처님 앞에서 감히 가수들이 와서 가무와 노래를 하겠느냐?" 하면서 "세상이 많이 바뀐 것 같습니다. 부처님이시여! 부디 재롱으로 보아 주십시오."라고 하는 멘트와 함께 2부 순서가 끝이 나고 3부 순서로 경품 추첨이 있었다. 몇 해 전 팔관회 행사 때에 마지막 경품 추첨이 진행되고 있을 즈음 사찰의 봉고차가 와서 우리 합창단은 절에서 한복을 갈아입기 위해 먼저 나오게 되었다. 집에 들어올 즈음 폰으로 연락이 왔다. 1등 당첨이 되어 지펠 냉장고를 가져가라고 몇 번씩 방송을 했었는데 그렇게 가 버리면 어쩌느냐고 김보살은 안타까운 마음에 본인보다 더 발을 동동 굴렀다. 그 날의 행운은 어느 거사님에게로 돌아갔다고 한다. 아마 그건 내가 받을 인연이 아니고 그 복은 내 것이 아니기 때문이라고 생각했다. 전날 꿈에 우리 사찰 주지 스님께서 나에게 뭔가를 주시는 데 내가 받지를 않았더니 이런 안타까운 일이 있게 되었나보다.

그 다음 해부터 경품 추첨이 없어졌는데 올부터 다시 경품 추첨이란 이벤트가 주어졌다. 팔관회의 마지막에 경품 추첨 시간이 되면 그 날의 아쉬웠던 기억들이 새삼 스쳐 지나간다.

수련이 피었어요

세존사 회주 장산 스님

내가 세존사를 세우고 합창단을 모집할 때 한 소녀같이 화사한 미소를 가득 안고 우리 절을 찾아온 착한 선학보살이 있었다. 그리고 얼마 지나지 않아서 전계화상을 모시고 처음 절을 찾아온 선남선녀에게 보살계를 주기 위하여 불자들에게 법명法名이라는 것을 지어 주는데 한 보살이 선덕화善德華라는 법명을 받고 어쩔 줄 몰라 하며 좋아 하던 소녀 같은 보살이 있었다.

절이라면 으레 기와집에 울긋붉긋 단청을 먼저 떠올리는 것이 절이다. 그런데 우리 절은 삼층 빌딩이다. 소녀 같은 보살은 다짜고짜 하는 말이 "스님 왜 절이 단청도 없고 그냥 빌딩이네요." 한다. 무척 부끄러워하면서, 그렇게 네게 순박하게 웃던 소녀 같은 보살이 있었다.

세존사는 돈도 없고 가난한 절이며 겨우 절을 만들었으니 기와집에 단청은 생각도 못하는 그러한 초라한 절이다. 그런데도 부처님이 좋다며 찾아온 소녀 같은 보살이 어느 날 합창단도 그만두고 안 보였다.

그렇게 몇 년이 흘렀는지 모른다. 선학善學 보살이 하루는 불쑥 나타나서 하는 말이 "스님 나 '시' 썼어요." 한다. 그리고 마냥 좋아 하는 모습이 언제 보아도 별에서 온 것 같은 보살의 모습이었다. 그리고도 한참의 세월이 또 흘렀다. 나는 서울 대각사에 있으면서 한 달에 두 번이나 한 번쯤 세존사에 와서 법회를 갖고 돌아가기를 8년이나 하였다. 가끔 내 앞에 청옥문학이라는 계간지를 갖고 오면서 무척이나 수줍어하는 모습은 지금도 내 머릿속에 맴돈다. 나는 글 쓸 줄도, 시를 쓰는 것도 모른다. 그러나 누가 시라도 쓰면 읽어보면서 신기하다는 생각을 늘 갖곤 하였다. 보살도 그렇게 내게 시나 수필들을 읽어보라면서 책을 내밀 때는 그렇게 반가울 수가 없었다.

그리고 세월이 또 얼마를 흘러 또 해가 바뀌었다. 소녀 같은 보살은 글 하나 서달라면서 수필집 가본을 내밀었다. 나는 반가워서 숨 쉴 겨를도 없이 단숨에 다 읽고 보살의 참모습을 보는 것 같아서 즐거운 마음이 들었다. 우리 절에도 이제 시인이며 수필가 박선옥이 기도하는 절이 되었다는 생각이 들었다. 명사가 나오면 좋은 것 아닌가? 글을 읽고 나는 이런 생각을 하였다. 나는 글이 잘되고 못되고는 모른다.

마치 산을 보고 산에 무슨 나무나 풀이 있는지도 모르고 그저 산이 좋다는 것 같은 사람이다. 내가 글을 써본 적이 없기 때문이기도 하지만 워낙 솜씨가 없다. 그래서 글 쓰는 사람을 보면 부러울 뿐이다. 마침 요즘은 봄소식이 여기저기서 들려온다. 우리 절 연못에 사는 수련이 산에서 뻐꾸기 우는 소리를 듣더니 봄이 온 것을 알고 얼른 작은 잎을 내민다. 수련이 차가운 물속에서 겨우내 어름 장 추위를 이겨내고 아기 손 같은 작은 잎 하나를 내미는 것이 여간 신통하고 예쁜지 모른다.

천상에서나 볼 것 같은 예쁜 꽃을 피워내기 위하여 벌써부터 준비하는 것이다. 아니다. 겨울 내내 준비 하였을 것이다. 선덕화 보살의 수필을 읽어보니 그런 생각이 들었다. 오랫동안 인고 끝에 세상에 수련이 피어나듯 나오게 되었다. 글의 향기는 마치 시골 텃밭에서 찾기도 힘들 정도로 작고 가는 잎을 내밀어 난 달래 같은 향기가 바로 보살의 글인 것 같다. 구수한 그 맛과 향기는 바로 우리네의 맛이며 멋이고 향기다. 내가 자청하여서라도 어둔하지만 글로 축하하는 마음에서 아래 글을 남긴다.

달빛 금련산

멀리서 가까이서 치는 파도 소리 모두 바람일러라
석양을 가득 안은 산 빛 너무 고와 바람이어라
곱고 고운 빛들이 해 지면 모두 그림자 일러라
새소리 물소리 바람소리 풍광이 가득한 세월이어라.

해　설

박선옥의 작품세계

박선옥의 작품세계

사)새한국문인회 이사장　이 철 호

소소한 일상에서의 뛰어난 순간 포착
깊은 정情 근원하는 인간미 넘치는 문학

박선옥 시인은 늘 맑고 명징한 의식으로 깨어 있는 삶을 살아간다. 그러면서 자신의 소소한 일상 속에서 건져 올린 작고 소박한 이야기들을 오랜 상념과 각성을 거쳐 짧게 응축한 후 도자기를 빚듯이 수필로 빚어 형상화하는 데에 아주 능숙한 면모를 보인다.

그런 까닭에 그의 수필 또한 맑고 청아할 수밖에 없으며 그 수필을 들여다 보고 있으면 마치 외딴집에 있는 깊은 우물 속에 비친 은은한 별빛이나 달빛을 보고 있는 것 같은 느낌마저 든다. 아울러 그의 수필에서는 이른 새벽에 산사山寺에서 들려오는 범종梵鐘과도 같은 여운이긴 문학적 울림으로 느끼게 된다.

또한 그의 수필 작품들은 수필을 읽고 음미하는 재미를 한껏 느끼게해주며 잘 숙성된 음식과도 같은 웅숭깊고 맛깔스러운 면도 있다.

그의 수필을 읽는 독자들로 하여금 문득 자신의 자화상自畵像을 들여다 보고 있는 것 같은 생각이 들도록 하기도 한다.

그의 수필을 자세히 살펴보면, 작가 자신이 이제까지 겪으며 살아온세상의 다양한 모습과 행복했던 일들, 혹은 갈등이나 고뇌 속에서의눅눅한 일상 등을 통해서 보고, 듣고,체득해 온 것들을 소재로 한것들이 꽤 많음을 알 수 있다. 또한 그의 수필은 결코 화려하지 않을뿐만 아니라 애써 지어낸 것 같은 미사여구美辭麗句도 보이지 않는다.대신 소박하고도 담백한 맛이 넘치며 강한 감동과 함께 꾸밈이 없는진실한 메시지가 풍겨 나온다. 때문에 그의 수필은 독자들의 심금을울리는, 영혼의 메시지가 되기에 부족함이 없다.

때로는 그의 수필에서 모성母性과도 같은 안온함이 흘러나와 독자들의 몸과 마음의 힐링이 되어 주기도 하며, 고단하고 강팍한 삶의 현실속에서 신음하고 고뇌하는 사람들에게 좋은 위로와 힘이 되기도 한다.

「명량鳴粱」 1597년 임진왜란 6년, 우리 민족의 영웅 이순신李舜臣 장군이불과 13척 밖에 남지 않은 전함으로 이보다 10배 이상 많은 130척의전함을 보유한 왜군들이 몰려오는 그 절박한 상황 속에서도 결코 물러서지 않고 당당히 맞서 싸워 통쾌하게 승리한 전쟁, 그래서 우리나라역사상 가장 위대한 전쟁으로도 일컬어지는 「명량해전鳴粱海戰」을 그린영화 「명량」을 보고 난 후에 느낀 상념들을 수필로 섬세하게 그려 낸작품이다.

이 작품에서 작가는, 삼도 수군통제사이던 원균元均이 왜군과 싸우다 대패하고 전사한 이후 다시 삼도 수군통제사가 된 이순신 장군이 수적인 열세에다 사기마저 크게 떨어진 수군水軍 백성들에게 용기와 희망을 불어넣어 주며 뛰어난 용병술과 리더십으로 크게 승리하는 모습을 다시금 보여 준다.

이와 함께 적의 허虛를 찌르는 이순신 장군의 뛰어난 지략과 고도의 심리전독창적 전술 등을 살피며 그의 전략가로서의 면

모와 두려움마저도 용기로바꿀 줄 아는 진정한 리더로서의 위용에 깊은 감명과 함께 이순신 장군에 대한 존경심을 느꼈음을 이야기한다. 그러면서 그런 이면에 있는 이순신장군의 번민과 고뇌를 깊이 있는 시선으로 바라보며 함께 마음 아파한다.아울러 한 인간으로서 느낄 수밖에 없는 외로움과 두려움을 극복해내고 불가능에 맞서 싸웠던 의지의 인간이었던 이순신, 그리고 자신의 목숨보다도 부하들과 백성들을 먼저 생각하고 그들에게 신념과 용기를 불어넣어 승리를 이끈 진정한 리더 이순신 장군의 모습을 상기시켜 주는데, 작가의 설득력 있는 견해와 호소력 있는 이 작품의 내용이 독자들에게 큰 공감과긴 울림을 남긴다.

조선 수군이 중과부적을 극복하고 대승을 거둘 수 있었던「12척 신화」뒤에는 이처럼 이순신 장군의 뛰어난 리더십과 함께 부하들과 백성들을 진심으로 사랑하는 그의 따뜻하고도 자기희생 정신이 있었으며, 결국 그것이보이지 않는 큰 힘으로 작용하여 놀라운 승리가 되었음을 깨닫게 해 준작품으로 생각된다.

「덧없는 세월」은 낙엽이 쌓이는 가을 길을 혼자 조용히 걸으며 인생의 황혼기를 지나고 있는 자신을 되돌아보며 쓴 명상 에세이다.

사실 우리네 인생은 돌이켜 볼수록 짧기만 하고, 너무도 빨리 흘러가 버리는 덧없는 세월에 안타까울 때도 많아. 뿐만 아니라 제아무리 예쁜사람도, 지식이 많거나 총명한 사람도, 권력을 쥔 사람도 부자나 가난한 사람들도 모두 다 때가 되면 꽃송이 떨어지듯 세상에서 조용히 떨어지고 만다. 인간이란 누구나 다 잠시 머물다 간 봄날처럼 그렇게 짧은 봄날 같은 인생을 보내고 이 세상에서 떠나 버릴 수밖에 없는, 유한한 존재이다.

나이가 들수록 세월이 더 빨리 지나가는 것처럼 느껴진다. 무슨 달리기 시합을 하는 것도 아닌데, 세월은 왜 이리 빨리 달리는지 모르겠다는 생각마저들 정도다.

그래서 영국의 극작가 크리스토퍼 프라이는 그의 나이 아흔셋 때「여든이지나고 부터는 5분마다 아침을 먹는 것 같다.」며 세월의 빠름을 안타까워하지 않았던가.「마음은 아직 이팔청춘인데, 경로 우대증이 날아온다.」는 말도 있다.

이러한 현실을 안타까워하던 작가는 어느 날 동창 모임에서 보았던 동창들의 늙어버린 모습, 학창 시절의 그 곱던 피부와 멋진 몸매는 간 곳이 없는노인이 된 모습을 보면서 더욱 안타까워하는데, 작가의 이 같은 심정이 작품속에 그대로 담겨 있다.

하긴 사람은 누구나 다 늙기 마련이다. 늙지 않고 젊고 건강하게 죽을 때까지 살 수 있다면 좋으련만, 안타깝게도 그렇지 못한 게 우리네 인간이다.

「젊고 예뻤던 춘향이도 늙으면 월매처럼 된다.」는 말도 있듯이, 젊고 아름다우며 탱탱하게 생기가 넘치던 육체도 늙으면 어느새 바람 빠진 풍선처럼 쭈글쭈글하고 볼품없게 되는 것이 또한 인간인 것이다.

그러나 작가는 이러한 세월의 덧없음과 늙어가는 안타까움 속에서도 항변이라도 하듯이 마음만은 늙지 않았다고 역설하는데, 그런 역설이 어쩐지슬퍼 보인다.

「여명으로 밝아오는 아침」은 또 한 해를 보내고 새해를 맞이하는 마음을차분한 어조로 밝히고 있는 작품으로서 새해에 대한 기대와 희망이 넘쳐난다. 이제까지 잘못 살아왔던 삶에 대한 반성과 새해에는 좀 더 잘 살아보겠다는 작가의 염원 또한 실려 나온다.

그동안의 삶을 통해 절실히 깨달은 시간의 소중함을 다시금 가슴 깊이 새기고, 가뜩이나 짧은 인생인데 앞으로는 시간 낭비로 인해 그 짧은 인생이더욱 짧아지지 않도록 자신에게 주어진 남은 시간을 보다 유용하게 아껴쓰며 잘 살아야겠다는 각도도 엿보인다.

우리의 인생, 우리에게 주어진 시간은 결코 무한정 주어지는 것도 아니요,주유소에서 차에 기름 넣듯 아무 때나 채워 넣을 수 있는 것도 아니라는 것을 깨닫게 해 주는 작품이라 하겠다.

「살며 사랑하며」는 결혼한 자녀들이 행복하게 잘 살아가고 있는 모습들을곁에서 보면서 느낀 기쁨과 행복, 감사하는 마음이 잘 드러나 보이는 수필이다.

특히 사회적으로 잘 나가는 두 아들과 카자흐스탄에서 시집온 큰며느리의 발랄한 모습을 보면서 느낀 어머니로서의 행복감과 뿌듯함이 가식 없이진솔하게 그려져 있다.

자기 자녀들이 행복하게 잘 사는 모습을 보는 것이 모든 부모들의 공통된 바램이다. 또 부모라면 누구나 자기 자녀들이 행복하게 잘 사는 모습을 볼 때 가장 큰 기쁨과 보람을 느끼기 마련이다. 자기 자신이 행복하게 잘 사는 것 보다도 자기 자녀들이 행복하게 잘 사는 모습에서 훨씬 더 큰 기쁨과 보람 행복감을 갖은 것이 어쩔 수 없는 부모의 마음인데, 작가는 이 작품에서 이점을 상기시켜 준다.

「국제시장」은 최근 천만 명이 넘는 많은 관객들을 동원하며 사람들에게 큰 감동을 안겨 준 영화 「국제시장」을 보고 나서 느낀 것들을 수필로 형상화한 작품으로써 영화에 담겨 있는 우리나라 격변기의 서민들의 삶의 애환이 이 수필 작품을 통해서도 그대로 전해진다.

이 영화에서 한국전쟁 당시 흥남 철수작전으로 인해 부산으로 몰려든 수많은피난민들 중의 한 사람인 덕수라는 사람이 함께 피난 나오지 못한 아버지 대신 어머니와 함께 어린 동생들의 생계를 위해 부산 국제시장을 무대로 억척스러운 삶을 살아가며 가족을 위해 파독 광부로 나가 일하고, 또다시 당시 전쟁 중이던 월남에 돈 벌러 갔다가 다리 하나를 잃으면서도 끝까지 치열한 삶의 모습을 보여주고 있다. 가족을 위해 자신을 기꺼이 희생하는 한 아버지의 삶의 모습이 극명하게 드러나 보이는 영화인 것이다.

작가는 함경도 출신인 시아버지와 황해도 출신인 시어머니, 그리고 어린 나이에 어머니의 등에 업혀 월남한 남편 등도 역시 부산에서 피난살이를 하며 처절하게 살았던 과거를 떠올린다. 그러면서 그 격동의 시대가 몰고 온 갖가지 시대적 아픔들과 그런 속에서의 인간의 고뇌와 갈등 등도 살피는데, 치밀하고도 다각적인 시선으로 살펴 이를 수필 작품으로 다시금 전해 주는 작가의 깊은 슬픔이 느껴진다.

「율이 공주 탄생한 날」과 「두 돌 맞은 율이 공주」는 두 작품 모두 눈에 넣어도 아프지 않을 만큼 예뻐 보이는 첫 손녀에 관한 글인데, 할머니로서 손녀를 아끼고 사랑하는 마음이 진솔하게 잘 그려져 있다.

특히 첫 손녀가 태어나는 순간에서부터 그 아이가 두 돌을 맞을 때까지 매 순간 매 순간 세밀히 살피며 손녀의 온갖 모습들을 마음속의 카메라로 찰칵찰칵 찍어대는 작가의 모습은 마치 스냅 사진사의 모습처럼 보인다. 그리고 이렇게 예리한 시선으로 순간 포착하여 찍어낸 마음속의 사진들을 다시 수필로 형상화하여 독자들에게 보여주는, 작가의 모습은 너무도 순박하고 청순하다.

「죽음이란」은 술을 너무나 좋아했던 시동생의 죽음을 바라보며 그 옛날 시집와서 그 시동생과 있었던 추억들을 떠올리고 가슴 아파하는 내용의 수필 작품인데, 시댁 형제들 중에서 유난히 부모 마음을 많이 아프게 했던 그 시동생에 대한 애틋함이 잘 묘사되어 있다. 이와 함께 인간의 죽음에 대해 깊이 생각해 보고 있는 작가의 모습에서는 수도자와 같은 경건함마저 느껴진다.

「카자흐스탄 알마티 여행」 은 아들 내외가 사는 카자흐스탄에서 가장 발전된 경제도시라는 알마티를 방문하여 아들 내외와 함께 보냈던 때를 추억하며 쓴 수필작품으로서 카자흐스탄의 신비스럽고도 자연친화적인 도시 풍경과 카자흐스탄 사람들의 생활 풍습이 잘 그려져 있다. 「미끈미끈한 팔등신의 미녀들이 너무나 많아 카자흐스탄은 배우와 모델들만 모여 사는 나라인 듯했다.」 는 표현은 재미있다.

「장가간 아들은 희미한 옛 그림자요, 딸은 작은 도둑이요, 며느리는 가까이 하기엔 너무나 먼 당신」 이라는 우스갯소리가 있으나 이 작품에서 작가가 아들 칭찬과 함께 뛰어난 미모에다 마음씨가 곱고 자신에게 아주 살갑게 잘 대하는 카자흐스탄 출신의 큰며느리를 입에 침이 마를 정도로 극찬하고 있는 걸 보면 그에게 이런 우스갯소리는 전혀 통하지 않을 것으로 보인다.

고려시대 때의 문신 이규보李奎報의 시문집 《동국상국집東國相國集》에 「글은 곧 정情을 펴내는 것이다.」 라는 말이 나오는데, 이 작가의 작품에서는 그야 말로 마음속 깊은 곳에 근원하는 정이 곳곳에서 감지된다.

이처럼 정이 넘치는 그의 수필 작품들이 마치 아지랑이 피어오르는 봄날에 대지에서 솟아나는 감미로운 입김처럼, 무더운 여름철에 시원스럽게 쏟아지는 소나기같이 신선하고도 상큼하게, 청명한 가을날에 후드득 떨어지는 낙엽을 바라보며 마시는 진한 커피의 향과도 같이, 그리고 한겨울에 비치는 따사로운 햇살 같은 모습으로 독자들의 마음속 깊이 다가가 커다란 위로와 희망이 되리라 믿는다.

민족시인 김소월 시집

「진달래꽃」 문화재 등록의 문학적 의미와 문학계에 미치는 영향

민족시인 김소월 시집 「진달래꽃」 문화재 등록의 문학적 의미와 문학계에 미치는 영향

박 선 옥

Ⅰ. 序

지난 해 2011년 2월 24일, 1925년에 발간된 김소월金素月의 시집「진달래꽃」2종, 4점이 우리나라 근대 시기에 출판된 문학작품 중에서는 최초로 문화재로 등록되었다는 소식이 전해졌다. 문화재청에서 2009년 4월부터 2011년 2월까지 문화적으로 보존 가치가 높은 근대 문학작품들을 골라 명망 있는 국문학자와, 서지학자 등 전문가 20여 명에게 의뢰하여 수시로 회의하고 검토하여 서로의 의견을 나누는 것은 물론 현지 조사와 자문회의 및 심의 끝에 김소월의 시집 '진달래꽃'을 문화재로 등록하기로 결정 했던 것이다.

어디에 내놓아도 손색이 없는 윤동주尹東柱 시「하늘과 바람과 별과 시」를 비롯해서 심훈沈熏의「그날이 오면」, 한용운韓龍雲「님의 침묵」, 김소월의「진달래꽃」등을 놓고 이들 전문가들이 오랫동안 고민하고 토의한 결과, 다 선정할 수 없는 사정으로 인해 부득이 김소월의 '진달래꽃' 하나만을 문화재로 선정하게 되었다는 소식이었다.

문화재로 선정된, 김소월의 이 시집은 김소월(본명延湜 ·

1902~1934)이 지난 1925년 12월 26일 매문사賣文社에서 발간한 초간본으로써 여기에는 진달래꽃을 비롯해 「먼 후일」, 「산유화山有花」, 「초혼招魂」, 「엄마야 누나야」, 등 토속적이면서도 우리의 전통적 정서를 절제된 가락 속에 담은 주옥같은 작품 127편이 실려 있다. 또한 시집 「진달래꽃」 초판본은 한성도서주식회사 총판본과 중앙도서주식회사 총판본과 중앙서림 총판부의 두 가지로 간행되었는데 이번에 문화재로 지정된 것은 한성 도서주식회사 총판본 3점(배제학당 역사박물관 1점, 개인 소장 2점), 중앙서림 총판본 1점(개인 소장)이다.

한성 도서주식회사 총판본과 중앙서림 총판본 본문 내용과 판권지의 기록(간행 시기, 발행자, 인쇄소, 발행소 등)은 일치하나, 한성 도서본은 표지에꽃그림이 있고, 본문에 편집오류로 보이는 오·탈자가 여러 군데 있는 것이 특징이다. 이에 비해 중앙서림 본에서는 한글 표기상의 오류가 보이지 않는다.

Ⅱ. 선정 배경

문화재청에 따르면 「진달래꽃」은 문화재 등록 예고기간(2010.9.13.~ 10.12)중 「책 표지의 꽃 그림 도안과 '꽃' 이란 글자표기가 1920년대에 찾기 어렵다」 는 일부 소장가의 의견이 제기되었는데, 이에 따라 문화재 위원·서지학자·이의 제기자·서적 판매자·국어학자등 관계전문가 10여 명이 참석하여 검토 회의를 연 후 문화재위원회 심의를 개최했었다고 한다. 그 결과, 1920년 대 우리나라 문학작품의 출판물에서도 화려한 표지 도안과 '꽃' 표기가 사용된 점이 확인되면서 판권지 간행시기 및 발행자 기록 등이 객관적 자료로 인정받았다. 이와 함께 시집 「진달래꽃」이 근대기 우리나라 문학 작품의 출판에 대한 연구 가치가충분하여 희소성이 있다고 판단됨으로써 가장 먼저 문화재로 등록되었다는 것이다.

문화재청은 "결국 동일 원판을 사용해 출판한 김소월의 시집 「진달래꽃」이 희소성이 있으면서도 근대 우리나라 문학작품 출판연구를 위해서도가치가 충분하다고 판단돼 문화재로 등록하기로 했다."고 설명했다.

그러면서 문화재청은 앞으로도 근대기의 역사적 · 예술적 가치가 있는 문화유산을 적극 발굴, 문화재로 등록해 보존, 관리할 예정이라고도 밝혔다. 이 같은 소식이 전해지자 문인들, 특히 많은 시인이 반색하며 환영의 뜻을 표했다.

시인 박종해 전 울산예총 회장은 "소월의 「진달래꽃」은 한국의 전통적인형식으로 노래한 작품으로 의미하는 바가 크다." 며 '모든 문학이 자기의 전통적인 기반 위에 서지 않으면 안 된다는 기본적 자세가 서구모방주의가 팽배하던 1920년 대 소월에 의해 경고되고 되찾아지게 된 것'이라고 소감을 밝히기도 했다. 이어서 그는 '소월의 시가 불멸의 가치를 한국의 시에 불어넣고 소박한 민요로 읊조리던 우리의 심성을 되살려 제자리를찾게 한 것은 우리 문학사에 끼친 그의 지대한 공로일 것' 이라고 덧붙였다.

Ⅲ. 그 의미와 문학적 가치

이처럼 김소월의 시집이 유일하게 문화재로 지정된 데에는 여러 가지 이유가 있겠지만, 우선 김소월의 시집 「진달래꽃」은 우리나라 근대 문학사에 있어서 중요한 의미를 갖는 작품들이 다

수 들어 있을 뿐만 아니라 그 문학성이 뛰어나고 이 작품들이 근대 시기 한국인들의 삶과 정신에 지대한 영향을 끼쳤기 때문으로 생각된다. 게다가 이 시집은 현재 많이 남아 있지도 않아서 희소성의 가치도 있으며, 서지학적으로도 귀중한 가치가 있기 때문이다.

아울러 김소월의 시들은 그 시가 쓰여진 시기부터 우리 민족의 정서를 대변하며 독자들의 심금을 울렸을 뿐 아니라 그 이후로 지금까지도 줄곧 많은 사람의 심금을 울리며 사랑받아왔다. 그의 시들은 그동안 시류時流의 변화 속에서도 오늘날까지 계속 많은 독자를 확보하고 있다.

또한 1925년 발간된 김소월의 시집 「진달래꽃」은 우리 문학계에서 이미 오래전부터 전통적인 민족 정감에 뿌리를 두고서 그것을 현대적인 가락으로 형상화한 역작으로 평가받아왔다. 특히 김소월의 시들은 민족적 가락과 민중적 정감에 바탕을 둔 작품들로서 서정적이면서도 민족의 정체성을 확립하고 문학적 예술성이 돋보인다. 김소월이 흔히 「국민 시인」, 혹은 「민족시인」으로 불리며 오랜 세월동안 그의 시들이 국민의 심금을 울리며 널리 애송愛誦되고 있는 것만보더라도 잘 알 수 있는 일이다. 이 점은 고대 시가詩歌인 「가시리」 와 「아리랑」 의 맥을 잇는 이별가의 백미白眉 라고 할 수 있는, 그의 대표작 「진달래꽃」을 한번 살펴보면 쉽게 느낄 수 있다.

나 보기가 역겨워
가실 때에는
말없이 고이 보내 드리오리다.

영변寧邊에 약산
진달래꽃
아름따다 가실 길에 뿌리오리다.

가시는 걸음걸음
놓은 그 꽃을
사뿐히 즈려 밟고 가시옵소서.

나 보기가 역겨워
가실 때에는
죽어도 아니 눈물 흘리오리다.

1922년 「개벽開闢」 7월호에 처음으로 발표된, 이 시는 겨울의 그 모진 바람과 추위를 이겨내고 피어나며 봄이 되면 전국 어디서나 흔히 볼 수 있었던 우리의 토종 꽃 진달래를 소재로 한 것이다. 그러면서 예로부터 우리 민족의 가슴 속에 깊이 내재되어 온 보편적 정서라고 할 수 있는 설움과눈물, 한恨과 체념의식, 사랑과 이별, 그리움, 외로움 등을 민요조의 전통적 율조律調에 담아 낭만적인 서정과 향토색이 물씬 넘치는 표현으로 그려 낸 아주 청순하면서도 순정적인 서정시敍情詩이다.

특히 김소월은 이 서정시를 통해 사랑하는 사람을 위해서라면 아낌없는자기희생을 통한 간절한 사랑과 함께 모든 것들을 참아내며 받아들이겠다는 마음으로 고통과 슬픔을 극복하려는 의지와 염원을 황토색 짙은 서정적인 언어로 적절히 표출해 내고 있다. 즉 인간으로서의 슬픔과 서러움, 원망이나 미움, 적개심이나 복수하겠다는 마음 대신 오히려 떠나는 임에 대한 행운을 빌어주며 너그러운 마음으로 받아들일 뿐만 아니라 한 걸음 더 나아가 가는 길에 기꺼이 꽃잎까지 뿌려 주며 진심으로 축복해 주겠다는, 넓은 마음과 이타적 사랑을 보여주고 있는 것이다.

「나 보기가 역겨워」 떠나는 임에 대해 원망하고 미워하거나 저주하는 대신, 또 울며불며 매달리지 않고, 그런 슬픔과 아픔을 묵묵히 받아들이고 오히려 축복하며 보내 드리겠다는 것은 인간적으로 볼 때 결코 쉬운 일은 아니다. 헌데도 이 모든 것들을 초극超克하여 그가 떠나가는 발 앞에 꽃까지 한 아름따다가 뿌리며 기꺼이 보내겠다는 것이다.

불교에서 예로부터 전해 오는 말에 「산화공덕散花功德」 이란 것이 있다. 자비로운 부처님이 가시는 길에 꽃들을 가득 뿌려, 가시는 그 발걸음을 더욱 빛나게 하는 행위를 뜻하는 말이다. 이 「산화공덕散花功德」처럼 「진달래꽃」에서도 떠나는 임의 발 앞에 꽃을 뿌리며 아낌없이 축복해주겠다는 것으로서 여기에는 우리 민족의 유교적 휴머니즘이라고 할 수 있는 「애이불비哀而不悲」 즉 슬퍼도 슬퍼하지 않겠다는 체념적이고도 자기희생적인 정서가 눈물겹고도 아름답게 승화되어 있는 것이다.

그리고 김소월은 우리 민족의 가슴속에 깊이 내재되어 있는 이러한역설적이고도 자기 모순적인 정서를 문학적 승화를 통해 「진달래꽃」에 슬프지만 아름답게 묘사해 놓음으로써 국민적 공감과 호응을 얻고, 그들의 가슴속에도 담겨져 있을 그 말 못 할 아픔과 상처도 대변해 주고 있다.

비단 「진달래꽃」 뿐만이 아니라 「진달래꽃」에 함께 수록되어 있는 그의 다른 많은 시들 또한 우리 민족의 정서와 한恨, 설움과 아픔 등을 누구나 공감 할 수 있는, 친화적 언어로 예술적으로 승화시키고 있다.

아울러 김소월은 그가 살았던 시대 즉, 우리 민족이 일제의 그 가혹한 억압과 수탈 속에서 희망마저 상실한 채 고통받고 슬픔에 젖어 있을 때 그들의 아픔을 달래주며 우리 민족이 나아갈 길을 문학적으로 제시함으로써 민족시인으로서 더욱 추앙받고 있는데, 이 점 또한 그의 문학적 업적으로 평가된다.

Ⅳ. 우리 문학계에 미치는 영향

문화재로 지정된 두 총판본, 즉 한성도서주식회사 총판본과 중앙서림총판본은 기록이 별로 남아 있지 않은 당시 출판과정에 대한 정보를 제공하고 있을 뿐만 아니라 총판매소 두 곳에서 같이 찍어 낼 만큼 그 당시 「진달래꽃」을 비롯한 김소월의 시들이 인기가 많았다는 점을 간접적으로 보여주는 자료가 된다. 따라서 이 「진달래꽃」은 그 문학적, 역사적 가치는 말할 것도 없고 당시의 출판문화를 엿볼 수도 있어 우리나라 출판학과 서지학 연구에도 귀중한 자료가 될 것으로 여겨진다.

이런 점에서 김소월의 시집 「진달래꽃」의 문화재 지정은 이제 100년의 역사를 갖게 된 우리나라 근대문학 작품이 단지 문학으로만 국한되지 않고 우리 후손들에게 길이 전해 주어야 할 문화재로서의 보존가치가 높다는 점을 국가적으로 공식 인정한 것이라는 의미도 갖게 되었다. 더욱이 문화재로 지정된 「진달래꽃」에 수록되어 있는 127편의 주옥珠玉 같은 시작품들은 그 한 편 한 편 모두 문학적 가치가 높은 것은 물론 당시의 시대상과 김소월의 작품 영향을 종합적으로 파악할 수 있는 귀중한 가치도 지니고 있다.

아울러 이 「진달래꽃」은 당시 우리 시단詩壇의 문학적 수준을 한층 높이는 데에도 크게 공헌한 작품집으로서 우리 한국 시단 및 문학계에 새로운 이정표를 제시했다는 점에서도 높은 평가를 받아 마땅하다.

이러한 것들을 종합해 볼 때 「진달래꽃」의 문화재 지정과 더불어 앞으로 김소월의 시들은 우리 문학계에서 차지하는 비중과 그 위상位相이 더욱 높아질 것으로 보이며, 김소월과 그의 문학에 대한 연구 또한 더욱 활발 해질 것이다. 이와 함께 김소월에 대해 잘 모르던 중고등학교 학생이나 대학생 등의 젊은이들도 김소월에 대한 관심을 갖고 그의 시들을 더욱 많이 찾지 않을까 하는 생각도 든다.

특히 김소월이 살았던 일제시대의 참상을 잘 모르는 젊은이들이 김소월시집 「진달래꽃」 문화재 지정을 계기로 그의 작품들을 더 많이 읽고 학교에서도 이를 보다 적극적으로 가르침으로써 그의 삶과 작품 속에 응축되어있는 당시 우리 민족의 아픔과 고뇌, 일제의 잔학상 등을 보다 명확히 알 수 있는 계기가 될 수도 있을 것이다.

뿐만 아니라 「진달래꽃」의 문화재 지정이 우리의 주변국인 일본과 중국은 물론 좀 더 나아가 아시아와 미국과 유럽 등지에까지도 알려지면서 이들 나라에서도 김소월 문학에 대한 관심이 높아질 것으로 보이며, 이와 함께 김소월의 시들을 읽으려는 사람들이 많아질 것으로 생각된다.

그러면서 김소월의 삶과 그의 문학에 대한 연구에 대해 관심을 갖는 외국인들도 많아질 것으로 기대한다. 왜냐하면 김소월의 시들은 한국인의 정서와 한국의 토속적인 내음이 가득한 시들이지만, 이 점이 오히려 외국인들에게는 한국과 한국인들을 알고 이해하는 데 큰 도움이 될 것이며 그들의 마음을 파고들어

심금을 울리는 문학으로서도 손색이 없을 것으로 확신하기 때문 이다. 짙은 향토성을 전통적인 서정으로 노래한 김소월의 시들은 한국의 독특한 문화풍토를 세계에 알리는 데에 있어서도 반드시 큰 역할을 할 것으로 믿는다.

아울러 최근의 이른바 「한류韓流 열풍」과 더불어 김소월의 문학을 중심으로 한 한국문학의 세계적 확산도 기대해 볼 수 있을 것이다.

그러나 이를 위해서는 우리나라 정부와 문화 단체, 문단 등에서 김소월과 그의 문학에 대한 재조명과 함께 활발한 연구를 더 많이 하는 한편 김소월 문학을 세계에 알리기 위한 각종 지원과 노력도 아끼지 말아야 할 것이다.

V. 結語

끝으로 김소월 시집 「진달래꽃」의 문화재 지정을 계기로 비록 이번에는 소장의 문제, 희소성의 문제 등으로 인해 문화재로 등록되지 못했던 윤동주나 심훈, 염상섭, 이광수, 한용운 등의 작품들 또한 조속한 시일 내에 역시 문화재로 지정되었으면 하는 마음 간절하다. 윤동주 시인의 시들을 비롯한 이들의 문학 작품들도 역시 우리 문학계에 남긴 업적이 클 뿐만 아니라 그 작품들을 길이 보존하며 연구해야 할 가치가 충분한, 소중하고도 가치 있는 근대문학임이 틀림없기 때문이다.

살며 사랑하며

박 선 옥 시인 제1 수필집

인쇄일_ 2015년 3월 10일
발행일_ 2015년 3월 16일

지은이_ 박선옥
펴낸이_ 최경식
펴낸곳_ 도서출판 청옥문학사
기획처_ 문화마을

등록번호_ 제10-11-05호
주 소_ 부산시 동래구 명륜로 203-6 (금강빌딩 B동 2층)
전 화_ 051-517-6068 / **팩 스_** 051-529-6068
E-mail_ kyu500@hanmail.net

ISBN 978-89-97805-29-7
값_ 10,000원